O MÉTODO
BULLET⚡JOURNAL

RYDER CARROLL

O MÉTODO BULLET⚡JOURNAL

REGISTRE O PASSADO,
ORGANIZE O PRESENTE,
PLANEJE O FUTURO

Tradução
FLÁVIA SOUTO MAIOR

8ª reimpressão

Copyright © 2018 by Ryder Carroll

O selo Fontanar foi licenciado pela Editora Schwarcz S.A.

Grafia atualizada segundo o Acordo Ortográfico da Língua Portuguesa de 1990, que entrou em vigor no Brasil em 2009.

TÍTULO ORIGINAL The Bullet Journal Method: Track the Past, Order the Present, Design the Future
CAPA Ryder Carroll
PROJETO GRÁFICO ORIGINAL Meighan Cavanaugh
PREPARAÇÃO Lígia Azevedo
ÍNDICE REMISSIVO Probo Poletti
REVISÃO Luciane Helena Gomide e Thaís Totino Richter

Dados Internacionais de Catalogação na Publicação (CIP)
(Câmara Brasileira do Livro, SP, Brasil)

Carroll, Ryder
    O método Bullet Journal : registre o passado, organize o presente,
planeje o futuro / Ryder Carroll ; tradução Flávia Souto Maior. —
1ª ed. — São Paulo : Fontanar, 2018.

    Título original: The Bullet Journal Method : Track the Past, Order
the Present, Design the Future.

    ISBN 978-85-8439-130-1

    1. Agendas 2. Apontamentos 3. Cadernos de notas, desenhos etc.
4. Diários 5. Organização – Métodos 6. Tempo – Administração
I. Título.

18-20610	CDD-640.43

Índice para catálogo sistemático:
1. Método Bullet Journal : Sistema e prática de organização : Administração do tempo 640.43

Maria Paula C. Riyuzo – Bibliotecária – CRB-8/7639

Todos os direitos desta edição reservados à
EDITORA SCHWARCZ S.A.
Rua Bandeira Paulista, 702, cj. 32
04532-002 — São Paulo — SP
Telefone: (11) 3707-3500
www.companhiadasletras.com.br
www.blogdacompanhia.com.br
facebook.com/Fontanar.br

TO MY PARENTS FOR JUST ABOUT EVERYTHING

TO THE BULLET JOURNAL COMMUNITY
FOR DARING

THANK YOU,

RYDER

Aos meus pais, por meio que tudo

À comunidade Bullet Journal,
pela coragem de arriscar

Muito obrigado,

Ryder

PARTE I – A PREPARAÇÃO: 11

Introdução: 13
A promessa: 25
O guia: 34
O motivo: 37
Organizando a mente: 45
Cadernos: 53
Escrevendo à mão: 58

PARTE II – O SISTEMA: 63

Introdução: 65
  Registro rápido: 70
  Tópicos e paginação: 74
  Bullets: 77
  Tarefas: 79
  Eventos: 83
  Notas: 88
  Símbolos e marcadores personalizados: 92
Coleções: 96
  Registro diário: 98
  Registro mensal: 102
  Registro futuro: 107
  Índice: 111
Migração: 119
A carta: 126
Comece seu Bullet Journal: 130

PARTE III – A PRÁTICA: 133

Introdução: 135
Começando: 139
Reflexão: 143
Significado: 153

Objetivos: 163
Pequenos passos: 180
Tempo: 190
Gratidão: 198
Controle: 203
Radiância: 209
Persistência: 217
Desconstrução: 223
Inércia: 231
Imperfeição: 236

PARTE IV – A ARTE: 243
Introdução: 245
Coleções personalizadas: 251
Design: 259
Planejamento: 265
Listas: 270
Agendamentos: 276
Monitores: 280
Adaptação: 284
Comunidade: 289

PARTE V – CONCLUSÃO: 299
O jeito certo de usar o Bullet Journal: 301
Considerações finais: 303
Perguntas frequentes: 305
Agradecimentos: 311
Notas: 312
Índice remissivo: 319

Sumário x índice: No Bullet Journal, combinamos o sumário e o índice tradicional para manter o conteúdo de seu caderno organizado e facilmente acessível. Você pode ler mais sobre isso na página 111.

Não adiemos nada. Equilibremos a conta da vida todos os dias. [...] Aquele que dá os toques finais em sua vida diariamente nunca precisa de tempo.

SÊNECA, *Cartas a Lucílio*

PARTE I

A PREPARAÇÃO

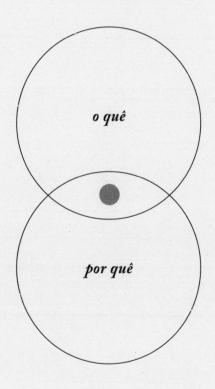

INTRODUÇÃO

A caixa misteriosa chegou sem aviso prévio. E o mais estranho: com a letra de fôrma inconfundível da minha mãe na etiqueta. Um presente surpresa, sem motivo ou ocasião especial? Improvável.

Abri a caixa e encontrei uma pilha díspar de cadernos velhos. Perplexo, peguei um laranja fosforescente que estava em cima, com a capa deformada decorada com grafite. As páginas estavam repletas de ilustrações rudimentares e infantis. Robôs e monstros. Cenas de batalha. Palavras com erros crassos de ortografia. Diferentes tipos de... Um arrepio percorreu meu corpo. Aqueles cadernos eram meus!

Respirei fundo e mergulhei neles. Foi mais do que uma viagem pela memória. Foi como revisitar um eu quase esquecido. Quando folheava outro caderno, uma folha dobrada caiu. Eu a abri, curioso, e encontrei uma representação grotesca de um homem irado. Ele gritava, com a língua para fora da boca e os olhos esbugalhados. Havia duas palavras na página. Uma delas, escrita em letras pequenas, timidamente escondida em um canto, revelava a identidade desse homem exaltado, que era um antigo professor meu. A outra, grande e ressaltada, revelava o alvo de sua raiva: eu.

Meus problemas começaram no início do ensino fundamental, com notas péssimas, professores zangados, tutores resignados. Meu

INTRODUÇÃO

desempenho era tão assustador que eu passava boa parte das férias de verão em escolas especiais e consultórios de psicólogos. Finalmente, fui diagnosticado com distúrbio de déficit de atenção (DDA). Isso aconteceu na década de 1980, quando mullets eram mais bem aceitos do que minha condição. Os poucos recursos disponíveis eram muito complicados — ou impositivos demais —, e em geral não correspondiam às minhas necessidades. Era como botar sal na ferida. Nada batia com o funcionamento da minha mente, então tive que me contentar, em grande parte, com meus próprios artifícios.

O pior problema era minha aparente falta de foco ou, melhor dizendo, minha incapacidade de mantê-lo. Não que eu não conseguisse focar. Apenas tinha muita dificuldade em me concentrar na coisa certa na hora certa, em estar presente. Minha atenção se deslocava para qualquer outra coisa chamativa. Enquanto eu passava de uma distração a outra, minhas responsabilidades se acumulavam até se tornarem avassaladoras. Com frequência, eu não conseguia cumpri-las. Encarar essa sensação dia após dia me levou a uma profunda insegurança, prima não muito distante do medo. Poucas coisas perturbam mais do que as histórias cruéis que contamos a nós mesmos.

Eu admirava meus colegas bem-sucedidos, com sua atenção inabalável e seus cadernos cheios de anotações detalhadas. Qual era o segredo deles? A ideia de ordem e disciplina me fascinava, já que, para mim, pareciam qualidades tão belas quanto distantes. Tentei desvendar esses mistérios desenvolvendo pequenos truques que me permitiam organizar meu caos de formas que abarcavam meu modo de pensar.

Por meio de tentativa e *muito* erro, fui construindo um sistema que funcionava, tudo em meu bom e velho caderno. Era um cruza-

O MÉTODO BULLET JOURNAL

mento de agenda, diário, bloco de anotações, lista de afazeres e caderno de desenho. Ele me servia como uma ferramenta prática e generosa para organizar a mente. Aos poucos, fiquei menos distraído e sobrecarregado, e muito mais produtivo. Comecei a me dar conta de que cabia a mim lidar com minhas limitações. E o mais importante: a perceber que era capaz de fazer isso!

Em 2007, eu trabalhava como web designer para uma grande marca de moda localizada no coração de neon de Nova York, a Times Square. Havia conseguido o emprego por meio de uma amiga que trabalhava lá. Ela estava com dificuldades para planejar seu casamento: sua mesa vivia repleta de cadernos, post-its e papéis avulsos. Parecia uma daquelas salas cheias de mapas e teorias de conspiração que vemos em seriados de crime.

Eu estava procurando uma forma de retribuir a indicação para a vaga. Um dia, quando a vi procurando um daqueles papeizinhos desgarrados, eu me ofereci, meio sem jeito, para lhe mostrar como usava meu caderno. Ela se virou para mim com os olhos arregalados e, para minha surpresa — e terror —, aceitou a oferta. Em que eu havia me metido? Compartilhar meu caderno era como oferecer a alguém uma visão total de minha mente.

Alguns dias depois, fomos tomar um café. Meu tutorial desajeitado levou um tempo. Me senti extremamente vulnerável ao expor como organizava meus pensamentos — os símbolos, o sistema, os modelos, os ciclos, as listas. Eram como muletas que eu tinha inventado para dar apoio ao meu cérebro imperfeito. Evitei fazer contato visual até terminar. Então, constrangido, levantei os olhos. Ela estava boquiaberta, o que validou instantaneamente todas as minhas inseguranças. Depois de uma pausa dolorosa, minha amiga disse: "Você precisa compartilhar isso com as pessoas".

INTRODUÇÃO

Foram necessários muitos outros empurrõezinhos para eu compartilhar meu sistema. No decorrer dos anos, eu me vi respondendo a perguntas tímidas de designers, desenvolvedores, gerentes de projeto e contadores sobre meu onipresente caderno. Alguns queriam saber como organizar seu dia a dia. Então eu ensinava meu sistema para registrar tarefas, eventos e anotações rapidamente. Outros estavam mais interessados em estabelecer objetivos. Então eu demonstrava como podiam usar meu sistema a fim de estruturar planos de ação para abordar aspirações futuras. Outros ainda só queriam ser menos dispersos, e eu mostrava como concentrar, de forma organizada, todos os projetos e anotações em um único lugar.

Nunca havia me ocorrido que aquelas soluções que eu inventara no decorrer dos anos pudessem servir a tantas situações diferentes. Se alguém tivesse uma necessidade específica, era fácil modificar uma técnica para atendê-la. Comecei a me perguntar se compartilhá-las não poderia ajudar outras pessoas a evitar — ou pelo menos reduzir — a frustração com desafios organizacionais comuns que eu também enfrentara no início da vida.

Até aí tudo bem, mas se eu ia mesmo me lançar a essa tarefa, não queria que fosse na base do improviso e da falta de jeito. Formalizei o sistema e o simplifiquei, eliminando boa parte e mantendo apenas as técnicas mais eficientes que eu havia desenvolvido com o passar do tempo. Não havia nada igual, então tive que inventar uma nova linguagem e um vocabulário próprio. Isso tornou o sistema significativamente mais fácil de explicar e também — assim eu esperava — de aprender. Ele só precisava de um nome, algo que deixasse claro sua eficiência, sua tradição e seu propósito. Escolhi o nome Bullet Journal.

Em seguida, criei um site com tutoriais interativos e vídeos que guiavam os usuários pelo recém-cunhado sistema, abreviado para BuJo. Fiquei feliz quando o número de visitantes do site ultrapassou cem. A sensação era de missão cumprida! Foi então que aconteceu algo inesperado. O bulletjournal.com saiu no lifehack.org. E depois no lifehacker.com e no Fast Company. E então viralizou. O site passou de cem a 100 mil visitantes em questão de dias.

Comunidades de Bullet Journal começaram a surgir na internet. Para minha surpresa, as pessoas compartilhavam abertamente suas estratégias para lidar com desafios extremamente pessoais. Veteranos de guerra narravam suas táticas para enfrentar o transtorno de estresse pós-traumático (TSPT) através do monitoramento diário. Pessoas com transtorno obsessivo-compulsivo (TOC) dividiam formas de se distanciar dos pensamentos dominadores. Fiquei emocionado ao ter notícias daqueles que, como eu, sofriam de DDA, e ao vê-los contar como suas notas melhoraram e sua ansiedade diminuiu. No mundo não raro nocivo das comunidades on-line, os grupos voltados ao Bullet Journal criaram espaços de apoio incrivelmente positivos, cada um concentrado em um desafio específico, todos utilizando a mesma ferramenta.

Sandy deparou com o método Bullet Journal em maio de 2017, por meio de um vídeo no Facebook. O filho pequeno e a privação de sono a deixaram incrivelmente desorganizada e esquecida, adjetivos que antes ninguém usaria para descrevê-la. Os pensamentos borbulhavam em sua mente. Será que o filho havia dormido o suficiente? As vacinas estavam em dia? Qual era o prazo para matrícula na escolinha? Assim que conseguia terminar uma tarefa, outra surgia. Ela se sentia estressada e desanimada. Será que as outras mães sabiam de algo que ela não sabia? Quando ficou sabendo de um

INTRODUÇÃO

sistema de organização que exigia apenas um caderno e uma caneta, sentiu que não tinha nada a perder.

O primeiro passo foi criar um registro de tudo o que tinha a fazer no mês. Os horários de trabalho dos membros da família não eram regulares, e ela transcreveu a agenda de cada um deles em uma coluna. Ela finalmente conseguia visualizar quem estaria em qual lugar nas quatro semanas seguintes. Era aterrorizante pensar como era fácil alguém se esquecer de buscar o bebê na escola. Parecia uma questão de tempo até que deixassem passar algo importante.

Determinada, Sandy desenhou outra coluna. Anotou eventos e aniversários, de modo que ficassem bem à vista. Em seu registro financeiro mensal, listou a data de vencimento das contas e o valor. Também acrescentou quadradinhos diários para monitorar hábitos e objetivos — ou apenas um lembrete para parar e respirar!

Escrever à mão lhe pareceu estranhamente calmante. No entanto, Sandy não queria criar muitas expectativas, uma vez que tantos outros sistemas já haviam prometido recuperar seu lado organizado sem suscitar mudanças no longo prazo.

Sandy passou à parte seguinte das instruções, que pretendia ajudá-la a não perder de vista o quadro geral. Quais eram suas aspirações para o próximo ano? Na página de objetivos anuais, ousou registrar um projeto pessoal que estava tentando iniciar havia anos sem fazer nenhum progresso. Seria o TOC sabotando sua resolução de passar mais tempo praticando caligrafia e desenhando? Ou apenas estava ocupada demais? Ela só sabia que não estava utilizando seu potencial.

Nas semanas seguintes, sentar com seu caderno se tornou tão natural quanto escovar os dentes. Por mais bobo que pareça, ticar quadradinhos a motivava, pois a lembrava de que havia um número

O MÉTODO BULLET JOURNAL

finito de tarefas para cumprir a cada dia. Sandy não se esqueceu de pagar uma única conta. Não teve que mandar nenhuma mensagem longa se desculpando por ter deixado passar em branco o aniversário de alguém. Outra coisa surpreendente foi que a estrutura do Bullet Journal permitia que lembrasse que as tarefas rotineiras faziam parte de um cenário mais amplo. As páginas de objetivos mensais e objetivos anuais lhe mostravam todo dia que o caminho era longo, mas que ela estava seguindo na direção certa. O truque foi acrescentar um pequeno projeto pessoal — digamos, quinze minutos de caligrafia — a cada registro diário, e executá-lo em primeiro lugar todos os dias. Sandy sempre tinha quinze minutos livres se os utilizasse antes de verificar o celular. Era como se o tempo tivesse se expandido.

Logo, Sandy notou que escrever em um caderno lhe trazia mais benefícios do que apenas mantê-la organizada e sã. Durante toda a vida, ela havia sofrido de uma condição chamada de dermatotilexomania, a compulsão por machucar a própria pele. Em seu caso, a ação era concentrada predominantemente nos dedos. Sandy sentia vergonha disso, e cancelava reuniões e entrevistas porque achava que seus dedos estavam horríveis. Às vezes, não conseguia dormir de tanta dor, e com frequência derrubava coisas e era incapaz de cumprir tarefas simples. Ela sempre tinha que pedir ao marido ou à mãe que espremesse limão em seu chá para evitar que o ácido lhe causasse ardência, por exemplo.

Depois de utilizar o método por alguns meses, ela se viu na cozinha com lágrimas nos olhos ao espremer um limão: seus dedos não estavam mais cobertos de machucados. Cada linha, letra e anotação mantinha suas mãos ocupadas, permitindo que se curassem de forma lenta, porém contínua.

15.12.17

SQUEEZED A LEMON NO stinging

"Espremi um limão. Minha mão não ardeu."

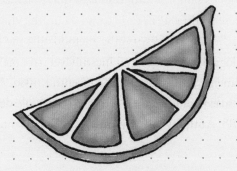

O MÉTODO BULLET JOURNAL

Seu Bullet Journal a ajudou não apenas a planejar, monitorar e guardar lembranças, mas também a ajudou a se curar e a ser mais criativa, além de inseri-la em uma comunidade que lhe dava incentivo e apoio. Sandy não está sozinha. Eu também fui motivado pelos criativos, flexíveis e impetuosos adeptos do Bullet Journal, que pegaram minha metodologia e a personalizaram para que se adequasse à sua situação. Em parte, foi por isso que resolvi escrever este livro.

O método Bullet Journal é destinado a qualquer um que esteja lutando para encontrar seu lugar na era digital, seja um usuário experiente ou um recém-chegado. Ele vai ajudá-lo a se organizar, fornecendo ferramentas e técnicas simples que darão clareza, orientação e foco a seus dias. Por melhor que seja a sensação de estar no controle, ela é apenas a superfície de algo significativamente mais profundo e valioso.

Eu sempre achei que era diferente dos outros por ter DDA. Mas essa comunidade me ajudou a perceber que minha condição só me obrigou a abordar cedo algo que desde então se transformou em uma doença da era digital: a falta de autoconhecimento.

Na época mais conectada da história, estamos rapidamente perdendo o contato com nós mesmos. Inundados por uma enxurrada infinita de informações, somos superestimulados e assim nos sentimos inquietos; temos excesso de trabalho, o que nos deixa descontentes; estamos sempre sintonizados, o que é fatigante. Conforme a tecnologia se infiltrava em cada canto da minha vida, trazendo consigo distrações constantes, minha metodologia me fornecia um refúgio analógico que se mostrou inestimável para me ajudar a definir o que realmente importava, e me concentrar nisso. Agora, inúmeras outras pessoas já sabem como retomar o controle de suas vidas.

Em 2015, Anthony Gorrity, um designer bastante tímido, largou

INTRODUÇÃO

um trabalho que não lhe agradava em uma agência e se tornou free-lancer. Fazia anos que ele sonhava em trabalhar por conta própria. O que não previa era a pressão para ser produtivo e a necessidade de estruturar o próprio tempo. Anthony tentou usar alguns aplicativos para se manter organizado, mas nenhum deles tinha a flexibilidade de que necessitava. Começou a fazer listas de tarefas em cadernos, mas elas saíam muito confusas. Clientes ligavam sem aviso, e ele tinha que folhear seis cadernos para encontrar as anotações. Sabia que havia anotado... em algum lugar... Esses momentos de deses-pero acabaram com sua autoconfiança. Como alguém que não ti-nha facilidade para se promover, Anthony teve bastante dificuldade de arrumar trabalho, e agora que estava conseguindo, todo um novo conjunto de estressantes desafios o esperava. Ele começou a se per-guntar se havia cometido um erro ao se tornar freelancer. Depois se lembrou vagamente de ter visto um vídeo de um cara demonstrando um sistema de organização supercomplexo pelo qual colocava a mão no fogo. Anthony fez uma pesquisa na internet e encontrou o site do Bullet Journal. O sistema não era tão complicado quanto pensava. Ele pegou um caderno novo e começou a reunir tudo o que preci-sava fazer.

Algumas coisas mudaram. Ele se tornou muito mais introspec-tivo. Percebeu que amava fazer listas de tarefas e amava ainda mais cumpri-las. E o melhor de tudo: sua autoconfiança criou raízes no espaço em branco do caderno: escrever as coisas no papel dava a ele a coragem de que precisava quando falava com um cliente ao tele-fone. Estar preparado e conhecer seu material fazia com que se sen-tisse menos vendedor e mais especialista. Para mim, o problema de Anthony não era falta de autoconfiança. Ele só precisava encontrar o caminho para a que já tinha. O Bullet Journal forneceu a estru-

O MÉTODO BULLET JOURNAL

tura que o ajudou a se organizar, e o mais importante: também lhe permitiu explorar seu potencial.

Esse é um aspecto crítico da metodologia: ela nos ajuda a cultivar um melhor juízo de nós mesmos, dentro e fora do âmbito profissional. O simples ato de registrar os detalhes importantes da vida contribui para encontrar a paz e a satisfação pelas quais tanto ansiamos. Permite que as pessoas se reconectem consigo mesmas e com as coisas que são importantes para elas.

Hoje, passo muito tempo me conectando com adeptos do método como Sandy e Anthony, e respondendo a perguntas da comunidade. Muitos parecem expandir a funcionalidade de seus Bullet Journals. Outros se aprofundam, abordando desafios universais que foram amplificados no mundo frenético em que vivemos. Neste livro, pretendo tratar dessas questões.

O método Bullet Journal tem duas partes: o sistema e a prática. Primeiro vamos aprender sobre o sistema, que vai lhe ensinar como transformar seu caderno em uma poderosa ferramenta de organização. Depois examinaremos a prática. É uma fusão de filosofias de diversas tradições que definem como viver uma vida com propósito — tanto produtiva quanto dotada de objetivo. O resultado de meu esforço para traduzir esse conhecimento atemporal em ação focada resultou neste sistema analógico para a era digital. Ele vai te ajudar a preservar o passado e organizar o presente para que você possa planejar o futuro. Originalmente, desenvolvi o método como uma forma de superar meus desafios. No decorrer dos anos, no entanto, ele amadureceu e se tornou um sistema operacional que mudou minha vida profundamente, e para melhor. Espero que possa fazer o mesmo por você.

A PROMESSA

*A vida havia ficado atarefada demais. Parecia que
minha existência se resumia a uma longa lista de
afazeres. Eu havia me esquecido de meus sonhos, meus
objetivos, meus "e se", meus "e se eu pudesse".*

Amy Haines

A missão do método Bullet Journal é nos ajudar a ter mais consciência de como empregamos os dois recursos mais valiosos que temos na vida: nosso tempo e nossa energia. Se você vai investir as duas coisas na leitura deste livro, nada mais justo que eu comece destacando o que vai encontrar nele. Resumindo:

*O método Bullet Journal vai ajudar você a realizar
mais, trabalhando menos. Ele ajuda a identificar o
que é importante e se concentrar nisso, eliminando
o que é irrelevante.*

Como? Juntando produtividade, atenção plena e propósito em um sistema flexível, generoso e, acima de tudo, prático. Vamos analisar com cuidado cada um desses pontos.

A PROMESSA

Produtividade

Você já se sentiu sobrecarregado com suas responsabilidades? Às vezes a vida parece aquele jogo infernal em que temos de acertar uma toupeira com um martelo. Estamos condenados a liquidar tarefas, reuniões, e-mails e mensagens intermináveis. Essa loucura de fazer várias coisas ao mesmo tempo te obriga a encaixar a atividade física quando e onde pode — durante uma chamada de vídeo com sua irmã, por exemplo, que pergunta se você não pode conversar parado em vez de ficar andando pelo apartamento. Nada recebe a atenção que merece, e a sensação não é boa. Você odeia decepcionar outras pessoas e a si mesmo. Já chegou a reduzir suas horas de sono ao mínimo possível — à exceção daquelas muitas manhãs em que mais parece um zumbi porque... reduziu suas horas de sono ao mínimo possível.

Vamos recuar um pouco. Em todos os anos entre 1950 e 2000, a

O MÉTODO BULLET JOURNAL

produtividade dos norte-americanos aumentou entre 1% e 4%.[1] Desde 2005, no entanto, esse crescimento diminuiu nas economias avançadas, e nos Estados Unidos houve inclusive uma queda da produtividade registrada em 2016.[2] Será que o rápido desenvolvimento de nossa tecnologia, que promete opções quase ilimitadas para nos manter ocupados, no fim das contas não está nos tornando mais produtivos?

Uma explicação possível para a diminuição da produtividade é estarmos paralisados devido à sobrecarga de informações. Como escreve Daniel Levitin em *A mente organizada*, a avalanche informativa é pior para o foco do que a exaustão ou o consumo de maconha.[3]

Faz sentido, então, que para sermos mais produtivos seja preciso achar um meio de conter a onda de distrações digitais. E é aí que entra o Bullet Journal. Utilizando um sistema analógico, você cria o espaço off-line necessário para processar informação, refletir e se concentrar. Quando você abre o caderno, o mundo frenético que o cerca pausa por um momento. O Bullet Journal permite que sua mente caminhe lado a lado com sua vida. As coisas se tornam menos nebulosas, e finalmente é possível examinar a vida com mais clareza.

> *O Bullet Journal vai ajudá-lo a esvaziar a mente para que você possa abordar seus pensamentos de uma distância objetiva.*

É comum pensarmos em meios de nos organizar conforme as coisas vão acontecendo: um pouquinho eu marco naquele app, outro tanto naquele calendário. Com o tempo, o resultado é um estranho Frankenstein formado por post-its, aplicativos e e-mails. Até que funciona, mas sempre dá a sensação de que esse sistema está

A PROMESSA

ruindo aos poucos. Perde-se tempo deliberando onde se deve colocar determinada informação e tentando localizá-la depois. Será que
você escreveu no bloco de notas do celular ou em um post-it? E
onde foi parar esse post-it?

Muitas grandes ideias, pensamentos "para guardar" ou lembretes
importantes foram vítimas de um pedaço de papel perdido ou de
um aplicativo desatualizado. Essa falta de eficiência que consome
toda a sua franquia de internet é completamente evitável. O Bullet
Journal foi criado para ser sua "fonte da verdade". Não, não se trata
de um convite duvidoso para idolatrar a metodologia. Só significa
que você não precisa mais se preocupar em saber onde moram seus
pensamentos.

Assim que você aprender a concentrar as ideias em um único
lugar, vamos analisar como priorizá-las de maneira eficiente. Todas
as pessoas que telefonam e mandam e-mails ou mensagens de texto
desejam uma resposta imediata. Em vez de sermos proativos no es-
tabelecimento de prioridades, muitos de nós simplesmente reagimos
ao estímulo recebido, mergulhando, com o tempo, em um oceano
cada vez maior de responsabilidades. Não podemos deixar que a
enxurrada de demandas externas determine nossas prioridades, porque podemos acabar nos afogando nelas. Oportunidades irão por
água abaixo. É assim que se perde a chance de melhorar a média na
escola, conseguir aquela promoção, correr uma maratona, ler um
livro a cada duas semanas...

*O BuJo te coloca no controle. Você vai parar de
reagir e começar a agir.*

O MÉTODO BULLET JOURNAL

Você vai aprender a resolver desafios difíceis, transformar curiosidades vagas em objetivos significativos, fragmentar seus objetivos em tarefas menores e mais fáceis de gerenciar, e a agir para valer. Qual é o próximo passo para melhorar suas notas esse semestre, tirar dez em todas as matérias? Não. O processo deve ser gradual. Em que matéria você tem mais dificuldade? Qual é a próxima tarefa? Fazer um trabalho? Que livro você precisa ler para isso? Pegue o livro na biblioteca — *essa* é a coisa mais importante a fazer *agora*. Fazer um trabalho que vale pontos extras para uma matéria em que você já está com boas notas seria uma enorme perda de tempo.

Em *O método Bullet Journal*, vamos introduzir técnicas cientificamente comprovadas que transformam qualquer caderno em uma ferramenta poderosa para organizar a vida. Vamos explorar como fazer aflorar oportunidades e eliminar distrações de modo que você possa concentrar seu tempo e sua energia naquilo que realmente importa.

Atenção plena

Ih, lá vem esse termo. Não se preocupe, não é preciso pegar a cítara. Quando falamos de atenção plena, em geral estamos falando de uma consciência mais elevada em relação ao presente. É muito bom ser produtivo, mas o BuJo não foi desenvolvido para ajudar você a correr mais rápido sem sair do lugar.

Vivemos uma época em que a tecnologia nos promete opções quase ilimitadas para nos manter ocupados, mas nos sentimos mais distraídos e desconectados do que antes. Vemos o mundo passar a mil quilômetros por hora, como quando estamos a bordo de um avião, sem ter ideia de onde de fato estamos. Com sorte, iremos

A PROMESSA

vislumbrar o mar ou um relâmpago entre nuvens escuras ao longe. A maior parte do tempo, no entanto, passaremos apertados em um assento minúsculo, aguardando a hora do enervante pouso.

Se a jornada é o destino, como entusiastas do presente costumam dizer, precisamos ser viajantes melhores. Para tanto, antes de tudo temos que nos orientar. Onde você está agora? Quer mesmo estar aí? Em caso negativo, por que seguir adiante?

Devemos olhar para dentro de nós se quisermos ter sucesso em nossa caminhada.

Atenção plena é o processo de acordar para o que está bem à nossa frente. Ajuda você a se tornar mais consciente do seu lugar, da sua identidade e do seu propósito. É aqui que o BuJo entra em cena. O ato de escrever à mão conduz nossa mente para o momento atual em um nível neurológico diferente de qualquer outro mecanismo de registro de ideias.[4] É no presente que começamos a nos autoconhecer. Joan Didion, famosa defensora da escrita à mão, começou a fazê-lo aos cinco anos de idade. Ela acreditava que cadernos eram um dos melhores antídotos para um mundo distraído: "Esquecemos rápido demais as coisas que pensávamos que nunca esqueceríamos. Esquecemos, da mesma forma, de amores e traições, esquecemos do que sussurramos e do que gritamos, esquecemos de quem somos [...]. É uma boa ideia, então, manter contato, e acho que os cadernos são perfeitos para isso. Todos estamos sozinhos no que diz respeito a manter essas linhas abertas para nós mesmos: seu caderno nunca vai me ajudar nem o meu vai ajudar você".[5]

Nativos digitais mundo afora: não temam. Esqueçam a imagem

de uma figura encurvada rabiscando em um sótão à luz fraca de uma vela. Aqui você vai aprender a registrar pensamentos com rapidez e eficácia. E a utilizar seu caderno na velocidade da vida.

Vamos explorar várias técnicas que nos ajudarão a adquirir o hábito de fazer esse tipo de pergunta, para que não fiquemos mais perdidos na rotina diária. Em outras palavras, o método Bullet Journal garante a nossa plena atenção no *porquê* de estarmos fazendo aquilo que estamos fazendo.

Propósito

Pense em um livro, discurso ou citação que o comoveu profundamente ou mudou sua forma de ver a vida. O que te inspirou foi a sabedoria, com todas as promessas que traz. Parecia que bastava agir com base naquele conhecimento recém-descoberto para que as coisas ficassem mais fáceis, melhores, mais claras, mais capacitantes.

Atualmente, quanto desse conhecimento ainda está em uso, e não apenas no âmbito intelectual, mas também no prático? Você se tornou uma pessoa, um amigo ou um parceiro melhor? Manteve o peso que perdeu? Está mais feliz? É provável que o que você aprendeu tenha definhado, se é que sobreviveu. Isso não quer dizer que não foi útil; só não ficou retido. E por que isso acontece?

A pressa de nossas vidas atarefadas pode cavar um fosso entre nossas ações e nossas crenças. Tendemos a seguir o caminho com menor resistência, mesmo que acabe nos afastando das coisas que mais estimamos. Isso pode exigir demasiado esforço para concretizar a mudança que buscamos. Como qualquer atleta pode comprovar, é preciso romper fibras musculares repetidas vezes para que os

A PROMESSA

músculos cresçam. Do mesmo modo, precisamos treinar nossos propósitos para deixá-los fortes e resilientes.

É fácil esquecer a meditação ou encontrar desculpas para faltar à aula de ioga, mas há repercussões sérias e imediatas quando ignoramos nossas obrigações diárias. Para conseguir adotar uma nova rotina, ela precisa se encaixar na nossa agenda abarrotada. E se tivéssemos um mecanismo que encorajasse nossas intenções *e* nos acompanhasse o dia todo?

O método Bullet Journal funciona como uma ponte entre suas crenças e suas ações, ao integrar seu propósito e o cerne de sua vida.

Além de organizar suas obrigações, Amy Haines usa seu Bullet Journal para manter um registro de ideias para sua empresa, pessoas com quem quer aprender, aplicativos para conferir e até mesmo novos tipos de chá para experimentar. Suas coleções personalizadas — sobre as quais falarei mais adiante — ajudaram-na a combater aquela sensação desanimadora de ter listas de tarefas infinitas e a permanecer em contato com o que de fato quer fazer. Ela conseguiu resgatar as coisas que importavam e tinham se perdido.

Ao adotar o método Bullet Journal, você automaticamente forma um hábito regular de introspecção, e aí começa a definir *o que* é importante, *por que* é importante e qual é *a melhor forma* de chegar a isso. Você é gentilmente lembrado disso todos os dias, o que torna mais fácil executar o que for onde quer que você se encontre, seja uma sala de reunião, de aula ou de um pronto-socorro.

Adeptos do Bullet Journal foram contratados para empregos dos

O MÉTODO BULLET JOURNAL

sonhos, abriram negócios, terminaram relacionamentos nocivos, se mudaram ou, em alguns casos, simplesmente se tornaram mais satisfeitos com quem são ao integrar o BuJo às suas rotinas. Elas são motivadas pela sabedoria de diferentes tradições de todo o mundo. Como um prisma reverso, o Bullet Journal as absorve e concentra em um feixe luminoso que vai te ajudar a enxergar com clareza qual é o caminho que deve seguir. Isso vai permitir que você passe de passageiro a piloto por meio da arte de viver com propósito.

O GUIA

O Bullet Journal não é um amigo só para os bons momentos. Ele sofreu e comemorou comigo nas mais diferentes situações da minha vida. Serviu aos muitos mestres de meus antigos eus: o estudante, o estagiário, o desconsolado, o designer e outros. Sempre me acolheu sem julgamento ou expectativa. Quando me propus a escrever este livro, quis criar algo que poderia servir a você da mesma forma. Ele deve ser a base para adoção do método e está aqui para prepará-lo para sua primeira decolagem e recebê-lo de volta quando você precisar repousar, reabastecer as energias e recalibrar a sua vida.

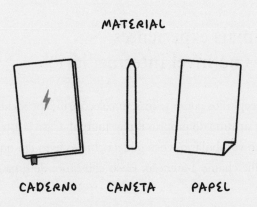

O MÉTODO BULLET JOURNAL

Para quem estiver começando

Se esta é sua primeira experiência com o Bullet Journal, seja bem-vindo! Muito obrigado por se dedicar à leitura deste livro. Para aproveitá-lo ao máximo, aconselho que o leia na ordem apresentada, do início ao fim. A ideia é que o livro seja participativo. Vamos alavancar o poder da transcrição (p. 58) para ajudar você a gravar o sistema mais rapidamente na memória. Pode parecer impressionante (ou assustador), mas você só vai precisar de uma folha de papel, um caderno em branco e algo com que escrever.

O método Bullet Journal é formado por dois componentes principais: o sistema e a prática. A parte II deste livro vai tratar do sistema. Nela você aprenderá o nome de todos os ingredientes e como são utilizados. As partes I e II vão ajudá-lo a se tornar um cozinheiro habilidoso. Nas partes III e IV, mergulharemos na prática. Assim você vai poder se tornar um chef. Vamos explorar as fontes e a ciência por trás dos elementos do Bullet Journal para permitir que você personalize o método, atendendo às suas necessidades.

Para os mais experientes —
e aqueles no nível intermediário

Idealizei os capítulos como se fossem coleções independentes (p. 96), imitando a estrutura do próprio Bullet Journal. Caso já esteja familiarizado com o vocabulário, você poderá abrir o livro em qualquer capítulo que lhe chame a atenção. Caso contrário, dê uma olhada na parte II!

O GUIA

A parte II mergulha nos detalhes do sistema que você já conhece e ama. Lá observaremos mais de perto cada coleção principal e técnica, revelando o raciocínio e a história por trás de sua estrutura. Depois, já na parte IV, aplicaremos todos os conceitos em um projeto simulado. Lá você vai aprender a expandir e personalizar o sistema, que é apenas uma parte do que compõe o método Bullet Journal.

As primeiras partes deste livro tratam
de como *fazer o Bullet Journal.*
As últimas, de por que *fazê-lo.*

Se você já utiliza o Bullet Journal há um tempo, talvez tenha percebido que ele não se limita a manter suas listas organizadas. Talvez você ache que ele o deixou mais pé no chão, confiante, focado, calmo e até mesmo inspirado. Isso porque o método se sustenta em várias ciências e filosofias que nos ajudam a viver com mais propósito. Neste livro, revelarei por que o Bullet Journal tem o efeito que tem. Esse contexto mais amplo não apenas vai validar o que você já está fazendo, como poderá levar sua prática a outro patamar.

Seja você um usuário novato ou experiente, uma visão do cerne do sistema, onde a atenção plena encontra a produtividade, vai ajudá-lo a planejar a vida que deseja levar.

O MOTIVO

*Viver uma vida com propósito é a arte
de fazer nossas próprias escolhas antes
de sermos moldados por escolhas alheias.*

RICHIE NORTON

Minha primeira start-up, a Paintapic, nasceu em uma salinha repleta de potinhos de tinta do tamanho de dedais. O serviço permitia transformar fotografias em kits de colorir personalizados, com tela, tinta e pincéis. Na época, eu tinha um emprego em tempo integral, então a empresa foi inteiramente criada nas noites e nos fins de semana.

A direção do lugar em que eu trabalhava mudou, e os projetos criativos que me faziam gostar do trabalho foram cortados. Com o tempo, a nova visão se tornou tão restritiva que deixei de sentir que acrescentava algo à empresa. Meu potencial na Paintapic, por outro lado, era limitado apenas pela quantidade de tempo que eu investia. Então mergulhei de cabeça. Sacrifiquei minha vida social em nome da Paintapic e comecei a trabalhar.

Meu sócio havia convencido seu empregador a nos alugar um pequeno depósito inutilizado, que nos serviria de escritório. Por quase dois anos passamos nossas noites e nossos fins de semana naquela

O MOTIVO

salinha escura com uma janela minúscula de vidro jateado. Milhares de decisões foram tomadas naquele cômodo apertado e escuro. Cada detalhe — até o número de cerdas dos pincéis — foi discutido à exaustão. A princípio, sentíamos grande prazer com todo o esforço. A empresa se tornou um vício.

Por fim chegou o momento que estávamos esperando: o dia do lançamento. Os pedidos saíam. O dinheiro entrava. Operávamos no azul. Estávamos indo bem logo de cara, sem nenhum investimento de terceiros. O que é raro para uma start-up. Não havia dúvida de que éramos um sucesso, ainda que modesto.

Assim que nosso site foi lançado, eu mesmo fiz um pedido. Lembro como fiquei empolgado ao receber meu kit pelo correio. Lá estava ele, ao vivo e a cores! Mas quando terminei de subir o único lance de escadas que levava ao meu apartamento, já estava preocupado com outra coisa. O kit continua fechado até hoje, jogado em algum canto, um retrato risível de um pug (nosso mascote não oficial) à espera de alguém que o pinte.

Minha indiferença logo contaminou todos os aspectos da administração da empresa. Fui dominado por uma confusão e uma frustração profundas. No papel, eu havia realizado tudo o que disseram que ia me fazer feliz. Sacrifiquei muita coisa para chegar àquele lugar, mas, agora que estava ali, não parecia fazer diferença alguma. E eu não estava sozinho. Meu sócio parecia compartilhar os mesmos sentimentos. O processo de criar a empresa e o prazer que tivemos em sua construção haviam impedido que enxergássemos uma verdade simples: não sentíamos nenhuma empolgação com kits para colorir. Embora agregassem valor à vida de nossos clientes, à nossa pouco acrescentavam. Não éramos entusiastas do produto — havíamos apenas nos apaixonado pelo desafio empresarial.

O MÉTODO BULLET JOURNAL

Com que frequência nos encontramos nessa posição? Você se esforça ao máximo para realizar algo e depois descobre que continua sentindo um vazio. Então você compensa se esforçando em dobro. Argumenta que, se trabalhar mais horas, finalmente vai poder apreciar os frutos de seu trabalho. Por que isso acontece?

Qual é sua verdadeira motivação para levantar peso, fazer dieta, trabalhar tanto? Está tentando perder cinco quilos por questões de saúde ou um relacionamento nocivo está acabando com sua autoconfiança? Talvez não perceba que está se matando no trabalho apenas para adiar uma conversa difícil com seu cônjuge. Se for o caso, independentemente de quanto tempo passar no escritório, o alívio não será duradouro, porque você está escalando a montanha errada. É preciso compreender o que te motiva verdadeiramente *antes* de partir para a ação.

Nossas motivações são fortemente formadas pela mídia. As redes sociais estão repletas de imagens de riqueza, viagens, poder, lazer, beleza, prazer e amores perfeitos. Essa corrente virtual se infiltra em nossa consciência, poluindo nossa noção de realidade e autoestima. Comparamos nossa vida com ideais extremamente artificiais e estruturamos nossos planos de acordo com eles, esperando um dia poder ter o ingresso dourado que nos garante acesso a essas fantasias enganosas. É muito conveniente que estejam fora do alcance de nossa visão os meses de planejamento, os "talentos" enfileirados em estúdios de teste apresentando foto e currículo, as equipe de produção, os caminhões parados em fila dupla com equipamentos de filmagem, os longos períodos de desemprego, as semanas de chuva que impedem as filmagens, a intoxicação alimentar na locação, os cenários vazios depois que todos vão embora. Ofuscados pelo fluxo

O MOTIVO

interminável da mídia, deixamos passar a oportunidade de definir em nossos próprios termos o que é significativo ou não.

Bronnie Ware, uma enfermeira australiana e escritora que passou muitos anos trabalhando com cuidados paliativos em pacientes que estavam nas últimas semanas de vida, registrou os cinco principais arrependimentos de seus pacientes. O primeiro era não ter permanecido fiel a si mesmo.

Quando as pessoas se davam conta de que a vida estava quase no fim e olhavam para trás, viam com clareza os muitos sonhos que não foram realizados. A maioria das pessoas não honrou nem metade deles e morreu sabendo que isso aconteceu por causa das escolhas que fizeram ou deixaram de fazer.[6]

Escolhas vêm em todas as formas: boas, ruins, grandes, pequenas, felizes ou difíceis, apenas para citar algumas. Podemos fazê-las com indiferença ou com propósito. Mas o que isso quer dizer? O que significa viver uma vida com propósito? O filósofo David Bentley Hart define propósito como "o poder fundamental da mente de se direcionar a alguma coisa [...] um objeto, objetivo ou fim específico".[7] O termo vem da filosofia escolástica medieval, mas eu gostaria de adaptá-lo e atualizá-lo para servir a nossos objetivos: propósito é o poder da mente de se direcionar para o que acredita ser significativo e agir para tal fim.

Se ter um propósito significa agir de acordo com suas crenças, então o oposto seria operar no piloto automático. Em outras palavras, você sabe por que está fazendo o que está fazendo?

O MÉTODO BULLET JOURNAL

Não podemos ser fiéis a nós mesmos se não soubermos *o que* queremos e, acima de tudo, *por que* queremos, portanto é aí que devemos começar. Esse processo exige o cultivo contínuo de nosso autoconhecimento. Talvez soe meio místico, mas esse cultivo pode ser algo tão simples como prestar atenção no que reverbera em nós, no que estimula nosso interesse — e, igualmente importante, no que não desperta nem uma coisa nem outra. Quando conseguimos identificar aquilo que nos atrai, podemos começar a definir adequadamente nossos sonhos com base no que acreditamos.

Quando temos fé no que estamos fazendo, deixamos de apenas bater o ponto inconscientemente. Nós nos tornamos mais inovadores, criativos e presentes. Não necessariamente trabalhamos mais, mas o fazemos de uma forma mais inteligente, porque tanto nossa cabeça quanto nosso coração estão envolvidos nesse empenho.

Cultivar o autoconhecimento é um processo para a vida toda, mas começa com o simples contato consigo mesmo. Você pode considerar seu Bullet Journal uma espécie de autobiografia viva. Ele lhe permite enxergar com clareza o que a correria da vida tende a encobrir. Você pode registrar e monitorar as decisões que tomou e as ações que o trouxeram até aqui. O método te encoraja a aprender com suas próprias experiências: o que funcionou, o que não funcionou, como se sentiu, qual o próximo passo. Dia após dia você aprofunda seu autoconhecimento, como uma testemunha regular de sua própria história. A cada página você aprimora sua capacidade de discernir o que é significativo do que não é. Se não estiver gostando da maneira como as coisas estão se desenrolando, vai ter desenvolvido a habilidade e a determinação necessárias para modificar a narrativa da sua vida, como fizeram Rachael M. e seu marido.

O MOTIVO

Eu trabalho em período integral como designer, gerencio meu próprio negócio, coordeno um grupo de jovens vários dias por semana e ajudo meu marido com o sacerdócio. Nós nos conhecemos há dois anos. Adoramos estar casados, mas praticamente desde o primeiro dia eram tantas as necessidades, as coisas a lembrar e os eventos a agendar que quase enlouquecemos.

Estávamos com dificuldade de nos comunicar e estar a par da agenda um do outro. Eu ia trabalhar, fazia compras no caminho para casa, preparava a comida, limpava a casa e tentava lembrar de tudo o mais que precisava fazer. Depois, já era hora de ir para a cama. No dia seguinte, começávamos tudo de novo. Além disso, descobrimos que eu tinha um problema na tireoide, assim como sensibilidade a glúten e lactose. Preparar a comida ficou ainda mais difícil. Eu estava completamente sobrecarregada.

Também tínhamos dificuldade de passar mais tempo juntos. Todos sabem que isso é crucial para um casamento feliz e saudável. No entanto, como meu marido é pastor, grande parte de seu trabalho é feito à noite e aos fins de semana, de modo que suas folgas são durante a semana. Eu trabalho em horário comercial, de segunda a sexta-feira. Era extremamente difícil conseguirmos ficar um tempo juntos. Sou a extrovertida da relação e acabei me sentindo sozinha em diversas ocasiões devido à demanda do trabalho dele durante os fins de semana.

Sabíamos que tínhamos que tomar uma atitude, então começamos a incluir tudo em nossos Bullet Journals. Usamos os registros semanal e mensal para visualizar nossa agenda e entender o que estava programado. Essa ferramenta serviu para termos uma ideia de quão ocupados estaríamos e nos ajudou a saber com antecedência quando precisaríamos reservar um tempo só para nós dois. Também me fez ver que o segredo para que eu sentisse que tinha tempo suficiente com ele era passar os sábados juntos, então ajustamos nossas agendas, garantindo que ambos reservássemos o maior número de sábados possível um para o outro.

O Bullet Journal também nos ajudou a recuperar o foco em nossos objetivos pessoais. Éramos ambos solteiros e estávamos estabelecidos na carreira já havia algum tempo quando começamos a namorar. O fato de amarmos o que fazíamos significava que estávamos acostumados a dedicar muita atenção a isso, o que era importante para nós. Tivemos que aprender a priorizar o casamento em vez de nos dedicarmos apenas ao trabalho. Podíamos ter usado calendários digitais sincronizados, mas a disciplina do analógico e a experiência de sentar com nossos Bullet Journals e anotar os eventos no papel nos ajudou a dialogar e antecipar o futuro, para não sermos pegos de surpresa por um compromisso. Também aprendemos a expressar nossas preocupações quando começávamos a agendar muita coisa fora de casa, e fez com que nos sentíssemos uma unidade, planejando a vida juntos, em vez de tentar conciliar duas agendas cheias. Agora, adoramos nosso casamento e nossos empregos, e queremos ajudar um ao outro a ter sucesso profissional.

Quase oito meses depois, estamos realizando mais coisas do que nunca em todas as áreas da vida, e tudo antes das oito da noite! Graças ao Bullet Journal, tomei as rédeas da minha vida. Sei o que está por vir. Criei momentos para refletir

O MOTIVO

e garantir que estou me concentrando na coisa certa. E tenho mais segurança no casamento e no sacerdócio porque sei que meu marido e eu estamos sintonizados e trabalhando em prol de objetivos que ambos compartilhamos. Eles estão anotados na primeira página de nossos Bullet Journals.

Rachael M.

É isso que significa viver uma vida com propósito. Não se trata de levar uma vida perfeita, fácil, de acertar tudo o tempo todo. Tampouco se trata de ser feliz, embora a alegria seja encontrada no caminho. Viver com propósito é manter suas ações alinhadas às suas crenças. É uma questão de escrever uma história em que você acredita e da qual você possa se orgulhar.

ORGANIZANDO A MENTE

*Não tenha nada em casa que não
considere útil ou belo.*

WILLIAM MORRIS

Estudos sugeriram que temos de 50 a 70 mil pensamentos por dia.[8] Se cada pensamento fosse uma palavra, isso significaria que nossa mente geraria conteúdo suficiente para produzir um livro por dia. TODOS OS DIAS. Nossos pensamentos não são ordenados, como num livro. Em um dia bom, eles preservam alguma coerência. Nossa mente luta constantemente para organizar essa miscelânea. Por onde começar? O que vem primeiro? É inevitável acabarmos nos ocupando de muitas coisas ao mesmo tempo, abrindo tanto o foco que nada recebe a atenção que merece. As pessoas costumam se referir a isso como "estar ocupado". O que não é a mesma coisa que *ser produtivo*.

---

*Para a maioria de nós, "estar ocupado"
é sinônimo de estar sobrecarregado.*

ORGANIZANDO A MENTE

O que quero dizer com isso? Não nos sobra tempo porque sempre estamos fazendo muitas coisas. E, em boa parte do tempo, essas coisas não estão dando certo. Embora não seja um problema exclusivo do século XXI, ele foi exponencialmente exacerbado pelo número quase infinito de escolhas que a tecnologia colocou à nossa disposição. Devemos optar por digitar, enviar mensagens de texto e e-mails, telefonar, escrever em blogs, salvar, tuitar, usar o Skype, o FaceTime, o Zoom ou gritar para nosso assistente digital resolver o problema, seja ele qual for? E em que ordem tudo isso deve acontecer? (Ah, e antes de começarmos teremos que baixar a última versão, atualizar, reiniciar, conectar, autenticar, recuperar a senha, limpar os cookies, esvaziar o cache e sacrificar nosso primeiro filho antes de chegarmos a... aonde mesmo?)

Essa liberdade de escolha é uma faca de dois gumes. Cada decisão que você toma exige foco, e o foco é um investimento de tempo e energia. Ambos são recursos limitados — e, portanto, extremamente valiosos.

Warren Buffett, um dos investidores mais bem-sucedidos de todos os tempos, deu um importante conselho a seu piloto de confiança, Mike Flint. Eles estavam discutindo os planos de Flint no longo prazo. Buffett pediu que ele fizesse uma lista com 25 objetivos de carreira. Quando o piloto terminou, Buffet pediu que circulasse os cinco principais, então perguntou a respeito deles. Flint respondeu: "Bom, esse é meu foco primário, mas os outros vinte objetivos vêm logo em seguida. Ainda são importantes, então vou trabalhar esporadicamente neles, conforme achar adequado. Não são tão urgentes, mas pretendo me dedicar a eles também".

Então Buffet respondeu: "Não. Você entendeu errado, Mike. Tudo o que não circulou deve ser sua lista de coisas a evitar a qual-

O MÉTODO BULLET JOURNAL

quer custo. Não importa o que sejam, não vão receber sua atenção até que você conquiste seus objetivos principais".[9]

Em uma entrevista publicada na *Vanity Fair*, o presidente Barack Obama disse: "Só uso ternos cinza ou azuis, porque estou tentando limitar minhas decisões. Não quero ter que tomar decisões quanto ao que comer ou vestir. Tenho muitas outras a tomar".[10] O mesmo vale para o fundador do Facebook, Mark Zuckerberg, com seus típicos moletons cinza, ou para o fundador da Apple, Steve Jobs, com seu famoso uniforme: jeans e camiseta preta de gola rulê. Cientes do desgaste que é considerar tantas opções, eles procuraram diminuir a escolha em suas vidas.

Como o psicólogo Roy F. Baumeister escreveu em seu livro *Força de vontade: A redescoberta do poder humano*: "Não importa quanto você tente ser racional e escrupuloso, não pode tomar uma decisão atrás da outra sem pagar um preço biológico. É diferente da fadiga física comum — você não está consciente do cansaço —, mas há uma perda de energia mental".[11] Esse estado é conhecido como "fadiga de decisão". Em outras palavras, quanto mais decisões você tem que tomar, mais difícil é fazer isso direito. Por isso é mais provável comer algo pouco saudável no fim do dia do que no café da manhã, quando seu tanque de força de vontade está cheio.

Se não se fizer nada a respeito, o indivíduo pode passar a evitar a tomada de decisões por causa dessa fadiga. Isso vale sobretudo para grandes decisões, que tendem a ser adiadas até o último minuto. Escolhas intimidadoras não desaparecem de uma hora para outra; elas ficam esperando uma oportunidade de ressurgir ainda mais ameaçadoras. Em que faculdade quero estudar? Será que quero me casar com essa pessoa? Devo aceitar o novo emprego? Quando você é obrigado a tomar uma decisão além de todas as outras que já estava

ORGANIZANDO A MENTE

tomando para evitar ter que decidir algo mais importante, é provável que já não tenha muito foco. Não é de estranhar que com tanta
frequência nos sintamos estressados, ansiosos e sobrecarregados.

Nossa tendência é cuidar desses sintomas com mais distrações
ainda. Bebendo, comendo, viajando, assistindo a muitas horas seguidas de televisão etc. Mesmo que você tenha separado uma porção
de coisas para ver na Netflix, de certa forma nada parece apropriado.
Você não consegue se resolver, e agora está ainda mais estressado.
Para fazer uma diferença significativa, precisamos tratar não apenas
os sintomas, mas a causa.

Temos que reduzir o número de decisões
que nos sobrecarregam para poder
nos concentrar no que importa.

O inventário mental

O primeiro passo para se recuperar da fadiga de decisão e sair de
baixo da pilha de escolhas que te soterrou é ganhar um pouco de
distância delas. Alguma perspectiva é necessária para fazer um reconhecimento e encurralar suas escolhas. Para tanto, é preciso anotá-
-las. E por quê? Cada decisão, até ser tomada e colocada em ação,
não passa de um pensamento. Agarrar-se a pensamentos é como
tentar pescar com as mãos: eles escorregam facilmente e desaparecem nos confins lamacentos de sua mente. Escrever nos permite
registrar os pensamentos e examiná-los à luz do dia. Ao externá-los,
vamos esvaziando a mente. Anotação por anotação, criamos um

O MÉTODO BULLET JOURNAL

inventário mental de todas as escolhas que consomem nossa atenção. É o primeiro passo para retomar o controle de nossas vidas. É aqui que você começa a separar o sinal do ruído. É aqui que tem início sua jornada com o Bullet Journal.

Como na organização de um armário, precisamos tirar tudo dele antes de decidir o que fica e o que vai embora. Criar um inventário é uma técnica simples que vai ajudar a avaliar rapidamente o que você vem enfiando nas gavetas da sua mente. É provável que muitas responsabilidades inúteis estejam ocupando um valioso espaço mental e emocional.

Para começar, pegue a folha de papel que já mencionei na lista de materiais de que você vai precisar para aventurar-se no Bullet Journal. Com ela na horizontal, divida-a em três colunas (você pode dobrá-la duas vezes ou desenhar as linhas, como no inventário mental da p. 50).

1. Na primeira coluna, liste todas as coisas a que está se dedicando no momento.
2. Na segunda, liste todas aquelas a que *deveria* estar se dedicando.
3. Na última, todas a que *gostaria* de estar se dedicando.

Faça anotações sucintas, em forma de lista. Se uma tarefa incitar uma série de outras, elabore-a. Dedique um tempo a esse exercício, aprofunde-se nele. Seja sincero. Tire tudo da cabeça (e do coração) e ponha no papel. Respire fundo e comece.

INVENTÁRIO MENTAL

A que estou me dedicando	A que deveria estar me dedicando	A que gostaria de estar me dedicando
Imposto de renda	Plano de exercícios físicos	Planejar viagem para o Havaí
Apresentação para Acme	Aprender a investir	Aprender a cozinhar
Organizar a pasta de fotos	Planejar as refeições da semana	Aprender outro idioma
Planejar o jantar de aniversário da Emmy	Estabelecer meta de cinco anos	Ler mais
	Ligar para meus pais	Escrever mais
	Fazer exames médicos	Perder cinco quilos
	Plano de aposentadoria	Mais tempo com amigos

O MÉTODO BULLET JOURNAL

O teste

O inventário mental que você acabou de criar fornece uma ideia clara de como está investindo seu tempo e sua energia. É um mapa de suas escolhas. O próximo passo é descobrir quais delas valem a pena.

Estamos sempre (ou supostamente deveríamos estar) fazendo tantas coisas que nos esquecemos de perguntar o nosso *motivo*. Nós acabamos por sobrecarregar nosso cotidiano com toda espécie de responsabilidades desnecessárias. O inventário mental nos dá oportunidade de entender por que fazemos isso.

Vá em frente, questione o motivo de cada item da sua lista. Você não precisa mergulhar em um buraco negro existencial. Só faça duas perguntas a si mesmo:

1. Isso tem importância? (Para você ou para alguém que ama.)
2. Isso é vital? (Leia-se: aluguel, impostos, financiamento estudantil, trabalho etc.)

DICA: Se tiver dificuldade com determinada tarefa, pergunte a si mesmo o que aconteceria se ela simplesmente não fosse feita... nunca. Haveria alguma repercussão real?

Qualquer item que não passe nesse teste é uma distração, que acrescenta pouco ou nenhum valor a sua vida. Risque-o. Seja implacável. Tenha em mente que toda responsabilidade é uma experiência esperando para nascer, oferecendo um vislumbre do potencial futuro. É por isso que tudo o que for permanecer em sua lista precisa

ser essencial. Mais precisamente, apenas o essencial deve permanecer na sua vida.

Quando terminar, você provavelmente ficará com dois tipos de tarefas: as que *precisa* e as que *deseja* realizar (ou seja, seus objetivos). No decorrer deste livro, vou mostrar formas de trabalhar com essa lista, avançando nas duas frentes. Por ora, você tem todos os ingredientes necessários para preencher seu Bullet Journal. Quer dizer, tudo, menos o caderno.

Mas você deve estar imaginando: por que já não fizemos isso no caderno? É uma boa pergunta. Conforme ler este livro, refletir sobre suas ideias e experimentar suas técnicas, você pode acabar reduzindo ainda mais seu inventário mental. Quando iniciar seu Bullet Journal, deve fazê-lo apenas com coisas que acredita que são importantes ou que acrescentam valor à sua vida. Calcular o que você deixa entrar na sua vida é uma prática que não deve se limitar às páginas de seu caderno.

CADERNOS

Escrever um diário é viajar ao mundo interior.

CHRISTINA BALDWIN

Quem acaba de conhecer o BuJo com frequência pergunta sobre o caderno. Não podemos simplesmente usar um aplicativo e fazer listas? A resposta curta é: claro que sim. Na verdade, existem muitos bons apps voltados para produtividade. Eu mesmo trabalhei no desenvolvimento de alguns! Como designer, consigo reconhecer com clareza quão poderosas e eficientes as ferramentas digitais podem ser. Na verdade, o Bullet Journal foi criado segundo algumas metodologias baseadas no desenvolvimento de softwares. Mas ele vai muito além de uma série de listas. Trata-se de um método abrangente projetado para nos ajudar a registrar, ordenar e analisar nossas experiências. Conforme você for avançando neste livro, verá exatamente como e por que um caderno serve bem a esse propósito. Aqui, no entanto, vamos analisar os fundamentos que o orientam.

A tecnologia remove barreiras e diminui a distância entre as pessoas e a informação. Podemos aprender sobre praticamente qualquer coisa ou nos comunicar com qualquer um, a qualquer hora, de qualquer lugar, utilizando apenas um celular. É uma conveniência de

CADERNOS

que nos aproveitamos, em média, a cada doze minutos![12] No entanto, ela tem seu preço — e não estou falando do custo do pacote de dados, do cabeamento ou da sanidade que perdemos toda vez que entramos em contato com o serviço de atendimento ao cliente do provedor de internet.

Em um mundo com amplificadores de sinal de wi-fi presos a torres de igreja, nenhum lugar é sagrado.[13] Da sala de reunião ao banheiro, a tecnologia inundou nossas vidas com mais conteúdo do que jamais conseguiremos processar. Isso acabou com nosso tempo de atenção. Estudos sugerem que nossa concentração sofre simplesmente por estarmos na mesma sala que nossos smartphones, mesmo se estiverem em modo silencioso ou desligados![14]

Em 2016, o norte-americano médio passava quase onze horas por dia diante de telas digitais.[15] Considerando-se seis a oito horas de sono (que também é comprometido pelos aparelhos),[16] sobram cerca de seis horas sem tela por dia. Calcule o tempo gasto no transporte, cozinhando e resolvendo assuntos cotidianos para ver onde a coisa vai parar: estamos diminuindo cada vez mais a quantidade de tempo que temos para pensar.

Sentar com seu caderno lhe permite esse precioso luxo. Cria um espaço pessoal, livre de distrações, para se conhecer melhor. Uma das principais razões para usarmos o caderno no método Bullet Journal é que ele nos obriga a desconectar.

O caderno funciona como um templo
mental onde somos livres para pensar,
refletir, organizar e nos concentrar.

O MÉTODO BULLET JOURNAL

As páginas em branco servem como um parque de diversões seguro para a mente, onde se é completamente livre para se expressar sem julgamentos ou expectativas. Assim que coloca a caneta no papel, você estabelece uma ligação direta com sua mente e, muitas vezes, com seu coração. Essa experiência ainda não foi reproduzida adequadamente no espaço digital. É por isso que, até hoje, tantas ideias nascem em pedaços de papel.

Outro motivo para usarmos cadernos é sua flexibilidade. Softwares tendem a ser tão poderosos que sua abundância de funções só é acessível aos exploradores mais intrépidos (pense no Excel) ou tão específicos que sacrificam funções em nome de uma melhor usabilidade, fazendo poucas coisas muito bem (pense nos apps de celular). Em ambos os casos, o usuário é obrigado a operar dentro de uma estrutura determinada por eles. Esse é o principal desafio de muitos sistemas voltados para produtividade: eles se esforçam para abordar a variabilidade irrestrita e a natureza evolutiva de nossas necessidades individuais. Cadernos, ao contrário, só dizem respeito a seus autores. Sua função é limitada apenas pela imaginação do dono.

O poder do Bullet Journal reside na capacidade de se moldar àquilo que você precisa, não importa o momento de vida em que se encontra.

Na escola, o caderno pode servir para fazer anotações. No trabalho, pode ser uma ferramenta para organizar projetos. Em casa, pode ajudar a estabelecer e acompanhar seus objetivos. Robyn C., por exemplo, conseguiu meditar durante 432 dias *consecutivos* quando criou um monitor de hábito em seu Bullet Journal. Ela fez o mesmo

CADERNOS

em sua tentativa de descobrir o que desencadeava seu distúrbio de sono. Eu não inventei as ferramentas para ela; foi ela quem as criou.

Pela forma como se estrutura, o Bullet Journal pode ser múltiplas coisas ao mesmo tempo. Pense nele como um kit de ferramentas que lhe permite canalizar grande parte de sua necessidade de produtividade em um único lugar. Com o caderno, você vai desfrutar de uma perspectiva muito mais abrangente de sua vida, a qual permitirá que visualize conexões não convencionais. Ou como apontou Bert Webb, adepto do Bullet Journal: "Em minhas revisões diárias, semanais e mensais, folheando meu caderno para a frente e para trás, é inevitável que meu cérebro faça mais associações de ideias, o que eu não conseguia quando usava várias ferramentas digitais ao mesmo tempo".

Outro ponto importante é começar do zero todos os dias. Com os monitores de hábito digitais, você entra em uma corrida infinita que não se sabe quando termina. Mas seu caderno o saúda todas as manhãs com o puro vazio de uma página em branco. Isso serve como um pequeno lembrete de que o dia ainda não foi escrito — o caderno será o que você fizer dele. Como Kevin D., usuário do sistema, observa: "Eu costumava me sentir mal diante dos itens não cumpridos no fim do dia, mas com o Bullet Journal me sinto encorajado a migrar aqueles em aberto para uma nova página, porque vejo cada dia como um recomeço".

Por último, seu caderno evolui com você. Podemos dizer que os dois se repetem conjuntamente. Você vai ficando melhor em compor seus dias, e o mesmo acontece com a prática do método. Ele vai se adaptar às suas necessidades em constante transformação. O agradável efeito colateral é que, com o passar dos anos, você vai criando um mapa de suas escolhas e das experiências decorrentes. Como disse Kim Alvarez, seguidora do método: "Cada Bullet Journal é um novo

O MÉTODO BULLET JOURNAL

1: JAN-ABR 2019 · 2: MAIO-AGO 2019 · 3: SET-DEZ 2019 · 4: JAN-MAR 2020 · 5: ABR-JUN 2020 · 6: JUL-OUT 2020

volume na biblioteca de sua vida". Na busca de significado, esse acervo se torna um recurso poderoso à sua disposição.

Ao registrarmos nossas vidas, estamos criando simultaneamente um rico arquivo com escolhas e ações para referência futura. Podemos enxergar nossos erros e aprender com eles. É igualmente instrutivo valorizar nossos sucessos e progressos. Quando algo funciona profissional ou pessoalmente, é útil saber quais eram as circunstâncias em que vivíamos na época e que escolhas fizemos. Estudar nossos fracassos e vitórias pode nos fornecer insights, orientação e motivação quando traçamos o novo caminho que desejamos seguir.

Bem, mas isso quer dizer que o método Bullet Journal e os aplicativos são incompatíveis? É claro que não. Muitos apps facilitam a vida de formas que um caderno nunca poderia fazer. O valor das ferramentas, sejam digitais ou analógicas, está na sua capacidade de ajudá-lo a realizar a tarefa que você tem à mão. O objetivo deste livro é apresentar um novo kit de ferramentas para sua oficina — um que já ajudou inúmeras pessoas a lidar com esse projeto desajeitado que chamamos de vida.

ESCREVENDO À MÃO

*Mesmo uma tinta fraca é melhor
do que uma boa memória.*

PROVÉRBIO CHINÊS

Damos vida a nossos pensamentos ao colocá-los no papel. Sejam palavras, imagens ou notas, poucas ferramentas facilitam a transição entre o mundo interior e exterior tão organicamente quanto a ponta de uma caneta. Em um mundo que caminha na direção de interfaces sem textura, pode parecer um estranho retrocesso implementar uma metodologia que exige que você escreva à moda antiga. Só que cada vez mais pesquisas apontam para a viabilidade contínua da palavra escrita em nossa era digital.

Um estudo da Universidade de Washington demonstrou que alunos do ensino fundamental que faziam trabalhos à mão eram muito mais propensos a elaborar frases complexas e aprendiam a ler mais rápido. Muito disso se deve à forma como a escrita à mão acelera e aprofunda nossa capacidade de formar — e assim reconhecer — caracteres.[17]

Esse complexo movimento tátil estimula nossa mente de maneira mais eficiente que a digitação. Ele ativa múltiplas regiões do cérebro

O MÉTODO BULLET JOURNAL

ao mesmo tempo, gravando em um nível mais profundo o que aprendemos. Como resultado, retemos informações por mais tempo do que se as digitássemos.[18] Em um estudo, estimou-se que universitários que foram instruídos a fazer anotações à mão em geral se saíam melhor nas provas do que aqueles que as digitavam durante as aulas. Eles também conseguiram reter a informação por mais tempo depois de feita a prova.[19]

Quando usamos papel e caneta, não estamos
apenas acendendo as luzes, mas aumentando
a temperatura. Escrever à mão nos ajuda
a pensar e sentir ao mesmo tempo.

Esses estudos e muitos outros indicam que a origem dos benefícios da escrita à mão reside naquela falha que constantemente atribuímos a ela: sua ineficiência. É isso mesmo: o fato de demorarmos mais para escrever à mão é o que lhe dá uma vantagem intelectual.

É praticamente impossível transcrever à mão — e letra por letra — o conteúdo de uma aula ou de uma reunião. Quando escrevemos à mão, somos obrigados a ser mais econômicos e estratégicos com o uso da linguagem, elaborando observações com nossas próprias palavras. Para isso, temos que prestar mais atenção, considerar a informação e, em essência, extrair palavras e pensamentos alheios por meio de nosso próprio sistema neurológico de filtragem antes de colocá-los no papel. Digitar anotações, por sua vez, pode virar uma tarefa automática: uma via expressa sem atrito, com a informação entrando livremente por um ouvido e saindo pelo outro.

Por que é tão importante anotar com nossas próprias palavras?

ESCREVENDO À MÃO

A ciência sugere que escrever à mão aprimora o modo como lidamos com a informação, fortalecendo nosso pensamento associativo. Isso nos permite formar novas conexões que podem render soluções pouco convencionais e grandes insights. Estamos ao mesmo tempo expandindo nossa consciência e aprofundando nossa compreensão.

A forma como sintetizamos nossas experiências influencia nossa visão de mundo e nossa interação com ele. É por isso que escrever diários se provou uma ferramenta terapêutica poderosa para tratar pessoas traumatizadas ou que sofrem de transtornos mentais. A escrita expressiva, por exemplo, nos ajuda a processar experiências dolorosas ao colocá-las no papel. A terapia cognitivo-comportamental (TCC) usa roteiros para tratar pessoas obsessivas que sofrem com pensamentos importunos. Eles são detalhados em um parágrafo curto e reescritos repetidas vezes até que comecem a perder a força na mente da pessoa, fornecendo a perspectiva e o distanciamento necessários — algo que todos temos dificuldade para encontrar quando enfrentamos situações desafiadoras.

Quando envelhecemos, escrever pode ajudar a preservar nossas lembranças mais valiosas. Estudos sugerem que esse ato mantém nossa mente aguçada por mais tempo. Recebi muitos e-mails no decorrer dos anos elogiando o Bullet Journal por ajudar pessoas com memória fraca a se organizar, independentemente da idade. Bridget Bradley, uma adepta do método Bullet Journal de 51 anos, por exemplo, agora lembra "como estava o clima três meses atrás, quantas vezes fui à academia no último mês, que fiz uma reserva (por e-mail) em um restaurante, marquei minhas férias para julho e já decidi o que levar (com seis meses de antecedência!), assim tenho tempo para comprar tudo e me preparar". Da mesma forma, ouvi histórias de muitas pessoas que acreditam que utilizar o Bullet Journal

O MÉTODO BULLET JOURNAL

ajudou a aprimorar a memória após algum comprometimento causado por trauma ou procedimento médico.

Um amigo muito querido uma vez me disse que o caminho mais longo é o caminho mais curto. Neste nosso mundo do *copiar e colar*, que celebra a velocidade acima de tudo, muitas vezes confundimos conveniência e eficiência. Quando pegamos atalhos, perdemos oportunidades de desacelerar o pensamento. Escrever à mão, por mais nostálgico e antiquado que possa parecer, permite que resgatemos essa oportunidade. Automaticamente começamos a filtrar o sinal do ruído. No processo, redefinimos o conceito de eficiência, que passa a ter menos a ver com velocidade e mais com quanto tempo temos à disposição para gastar com o que realmente importa. É para isso que serve o Bullet Journal.

PARTE II

O SISTEMA

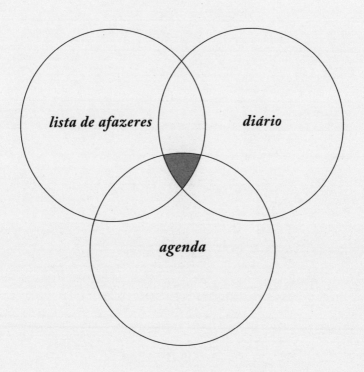

INTRODUÇÃO

Seu Bullet Journal pode ser lista de afazeres, diário, agenda, caderno ou tudo isso em um só lugar. Essa flexibilidade vem de sua estrutura de módulos. Uma forma fácil de conceituar o sistema é imaginar peças de Lego. Cada uma delas tem uma função específica, seja organizar seu dia, planejar seu mês ou conduzi-lo a um objetivo. Você é livre para misturar e combinar as peças, personalizando o sistema de acordo com suas necessidades. Já que é inevitável que elas mudem com o tempo, essa flexibilidade permite que o método permaneça relevante nos mais diferentes momentos de sua vida. A função e a estrutura de seu Bullet Journal evoluem à medida que você evolui.

Nesta parte do livro, vamos examinar os módulos que compõem a base do sistema. Você vai aprender como e por que eles funcionam, e o modo como se encaixam em uma moldura maior. Também vai aprender a organizar seu próprio Bullet Journal e migrar o conteúdo de seu inventário mental.

Se você já é versado no assunto, esta parte vai transformá-lo em um mestre. Vamos nos aprofundar nas ferramentas e técnicas que você já vem usando e explorar o raciocínio por trás de sua concepção. Ela funciona tanto como referência quanto como guia para

INTRODUÇÃO

ajudar a resolver qualquer dúvida que possa ter surgido enquanto você utilizava o Bullet Journal.

Se esta é a sua primeira vez no Bullet Journal, sugiro que leia todos os capítulos desta parte antes de pegar papel e caneta. Cada método e técnica tem sua eficácia, mas o verdadeiro poder do BuJo reside na soma de suas partes. Para aproveitar o método ao máximo, é importante entender como essas partes interagem e se influenciam. Aqui, você vai aprender a criar seu próprio Bullet Journal, passo a passo.

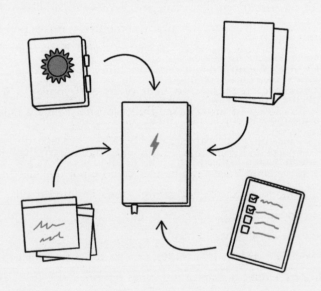

O MÉTODO BULLET JOURNAL

Antes de mergulhar de cabeça...

Quase todos os métodos de organização que tentaram me enfiar goela abaixo não faziam sentido, pareciam pouco práticos e me deixavam mais frustrado e/ou desanimado. E eu não quero que você se sinta assim!

Fiz o possível para não transformar esta parte em uma série de instruções estéreis, mas ela é inevitavelmente técnica. À primeira vista, pode parecer que no BuJo há muitas partes intercambiáveis. Conforme você for avançando na leitura dos capítulos seguintes, sugiro que considere cada componente individualmente. Submeta-o à sua apreciação, examine-o. Pergunte a si mesmo: isso poderia me ajudar?

Se em algum momento você se sentir sobrecarregado, tome certa distância e comece implementando apenas as partes que façam sentido para você. Muitos componentes do Bullet Journal são intencionalmente independentes, para que você possa utilizá-los de modo efetivo mesmo sem o restante. Então comece por aquilo que lhe interessa — mesmo que seja apenas uma peça — e siga a partir daí. Foi assim que nasceu o Bullet Journal: manejando uma peça por vez.

CONCEITOS-CHAVE

ÍNDICE

Serve para localizar o conteúdo do seu Bullet Journal usando tópicos e o intervalo de páginas do caderno.

ÍNDICE	ÍNDICE
Registro futuro: páginas 5-8 Jan: 9- Academia: 13-6	

REGISTRO FUTURO

Usado para guardar tarefas futuras e eventos fora do mês corrente.

REGISTRO FUTURO	REGISTRO FUTURO
Fev.	Maio
Mar.	Jun.
Abr.	Jul.

REGISTRO MENSAL

Fornece uma visão geral das datas e das tarefas do mês atual. Também funciona como inventário mental do mês.

JANEIRO	JANEIRO
1S 2T 3Q 4Q 5S 6S 7D	• Doar roupas • Planejar viagem • Fazer back-up do site • Dentista • Creche

REGISTRO DIÁRIO

Um espaço genérico para registrar rapidamente seus pensamentos ao longo do dia.

01.01.SEG	01.02.TER
• Doar roupas o Promovido! x Back-up do site — Jen chega amanhã • Creche	• Tim: ligar • Ioga: cancelar — Escritório fechado ter. o Festa Brit

CONCEITOS-CHAVE

REGISTRO RÁPIDO

Faça anotações sucintas, associando-as a símbolos para compreensão imediata; categorize; divida seus pensamentos em notas, eventos e tarefas.

— Nota
o Evento
• Tarefa
x Tarefa cumprida
> Tarefa migrada
< Tarefa agendada
~~• Tarefa irrelevante~~

COLEÇÕES

As coleções são os módulos usados para guardar conteúdos relacionados.
As principais são índice, registro futuro, registro mensal e registro diário, mas você pode criar uma para qualquer coisa que queira monitorar.

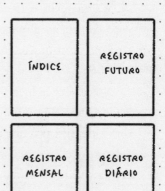

MIGRAÇÃO

Processo mensal de filtrar o conteúdo insignificante do seu caderno.

REGISTRO RÁPIDO

Responda rápido: qual foi a última coisa significativa que alguém disse a você? Está bem, vamos tentar facilitar. O que você comeu no almoço dois dias atrás? Se não consegue lembrar, você não é o único. Isso demonstra que não podemos confiar na memória para registrar as coisas com muita precisão.

Nossas experiências — tanto as boas quanto as ruins — são ensinamentos. Nós os honramos pondo-os no papel para poder avaliá-los e identificar o que têm a nos ensinar. É assim que aprendemos, é assim que crescemos. Se perdermos a oportunidade de aprender com a vivência, estaremos condenados a repetir os mesmos erros.

Manter um diário é uma maneira poderosa de facilitar o caminho do autoaprendizado. O problema do sistema tradicional de registro é sua falta de estrutura e sua exigência de tempo. Já o registro rápido aproveita os melhores aspectos do diário e elimina tudo o que não é essencial. É essa a linguagem do Bullet Journal. Em resumo, o registro rápido nos ajuda a registrar e organizar nossos pensamentos no formato de listas vivas.

O MÉTODO BULLET JOURNAL

*O registro rápido vai te ajudar a registrar
a vida à medida que ela acontece para
que você possa examiná-la.*

Nas páginas seguintes você vai encontrar exemplos visuais da diferença entre conteúdo registrado de uma maneira tradicional e organizado por meio do registro rápido. Vamos detalhar os símbolos e as estruturas mais adiante, mas é fácil ver como o registro rápido é mais sucinto e claro. Essa abordagem funcional economiza muito tempo, permitindo que seja facilmente incorporada a uma vida agitada.

Como descreve Ray Cheshire, adepto do Bullet Journal: "Sou professor de ciências do ensino médio em uma grande escola do Reino Unido. As coisas ficam um pouco frenéticas quando tentamos incluir cada vez mais coisas em nossos dias. É aí que entra o registro rápido. Por exemplo, ficamos sabendo com muito pouca antecedência que uma inspeção seria feita. Mas, graças ao Bullet Journal, eu logo soube o que precisava preparar". Seja em casa, na escola ou no local de trabalho, o registro rápido vai ajudar você a organizar o conjunto estonteante de coisas que precisa enfrentar diariamente.

TRADICIONAL

[X] Ligar para Keith para saber onde vamos comer no fim de semana.

[ ] Mandar outro e-mail para Heather sobre os formulários de autorização dos participantes do projeto da Acme. Preciso mandar os formulários para eles e colher as assinaturas antes de seguir em frente.

A apresentação de experiência do usuário é em 12 de fevereiro.

[ ] ~~Mandar e-mail para Leigh sobre a festa que vai dar em 21 de abril.~~

O escritório vai estar fechado no dia 13.

Foi uma grata surpresa saber que Margaret levou o feedback a sério. Ela se voluntariou para ajudar a gerenciar os recursos do projeto e se envolveu mais com a equipe. Seu trabalho também está demonstrando progresso.

[ ] Ligar para cancelar a aula de ioga.

[ ] Encomendar um bolo para o aniversário da Kim na próxima quinta-feira. Precisa ser sem glúten, porque ela é celíaca.

[ ] Acrescentar horas trabalhadas no projeto da Acme.

A Broadway estava bloqueada, então tive que pegar um desvio para ir trabalhar hoje de manhã. Nesse caminho, que é muito mais bonito, vi um café novo que preciso experimentar. Abri os vidros e fiquei apreciando a vista. Fico tão preocupado em chegar logo ao trabalho que esqueci completamente dessa opção. Quando cheguei, um pouco atrasado, estava me sentindo muito bem.

[ ] Planejar viagem.

---

176 palavras

REGISTRO RÁPIDO

01.04.QUI

- • Keith: Ligar: Jantar sábado
- * • Acme: Formulários de autorização
  - • Heather: E-mail formulários
  - > E-mail com formulário para participantes
  - < Colher assinaturas
- − Acme: Apresentação en 12/2
- ~~• Leigh: Responder festa 21/4~~
- − Escritório fechado 13/4
- ° Margaret: Se voluntariou para ajudar com recursos
  - − Demonstrando mais envolvimento
  - − Se esforçando mais

02.04.SEX

- x Cancelar ioga
- • Kim: comprar bolo
  - − Celíaca: sem glúten
  - − Festa quinta
- * • Acme: registrar horas
- ° Broadway bloqueada, fiz caminho mais longo
  - − Descobri um café novo
  - − Caminho muito mais bonito
  - − Mais relaxado quando cheguei
- • Planejar viagem

---

82 palavras
(Cerca de 60% menos!)

TÓPICOS E PAGINAÇÃO

O primeiro passo para o registro rápido é estruturar o conteúdo que você pretende registrar, intitulando a página com um **tópico**. Pode ser algo simples, como "Lista de compras". Mas até mesmo aqui — como quase sempre no BuJo — há uma complexidade maior do que imaginamos. Os tópicos têm, na verdade, três funções:

1. Identificar e descrever conteúdo.
2. Esclarecer seu propósito.
3. Pautar o conteúdo.

De quantas reuniões sem pauta definida você já participou? Em geral, não são muito produtivas. Definir a pauta *antes* de começar permite que você se concentre, priorize e utilize seu tempo de forma muito mais eficaz.

Ao definir um tópico para a página, você tem essa oportunidade. O que vai registrar nesse espaço? Com que propósito? Que valor vai acrescentar à sua vida? Podem parecer considerações triviais, mas já perdi a conta de quantas vezes tive que parar e fazer mais uma lista para depois perceber que ela não acrescentava nada significativo à minha vida. Anotar todos os seriados que vi este ano acrescenta algum valor real? Não. Outras vezes, essa pausa me ajudou a refinar

O MÉTODO BULLET JOURNAL

meus objetivos e a manter o conteúdo do Bullet Journal focado e relevante. Tópico a tópico, pausa a pausa, afiamos nossa capacidade de nos concentrar no que importa.

Para viver uma vida com propósito, às vezes basta fazer uma pausa antes de seguir adiante.

Por fim, um bom tópico transforma seu Bullet Journal em uma referência mais útil. Quem poderá dizer quando você precisará recorrer a seu caderno para encontrar um tópico específico? "13/10, Anotações da reunião 4" diz pouco, enquanto "13/10.QUI (dia/mês/dia da semana)/ Acme. (nome do cliente)/ Relançamento do site (nome do projeto)/ Feedback de usuário (assunto da reunião)" fornece uma descrição útil.

Assim que tiver definido seu tópico, escreva-o no alto da página. Já está pronta a base para o que você quer construir, mas não é possível localizar uma construção sem um endereço. No Bullet Journal, ele é o número da página, então não se esqueça de numerá-las. A paginação será crucial quando chegarmos à indexação (p. 111). Spoiler: o índice ajuda a localizar rapidamente o conteúdo.

Só não usamos tópicos descritivos no registro diário (p. 98). Essa é uma página mais livre, então se restrinja à data, formatada como mês/dia/dia da semana (p. 99). Isso vai ajudar você a se orientar sem nenhuma demora quando virar as páginas.

Tudo isso é mais complicado de explicar do que de fazer. Na prática, você só precisa parar alguns segundos para pensar antes de escrever. Agora, com tópico e numeração definidos, sua página está pronta para receber qualquer coisa que você quiser escrever.

01.04.QUI

- Keith: Ligar: jantar de sábado
- Acme: formulários de autorização
  - Heather: E-mail formulários
  - E-mail com formulário para participantes
  - Colher assinaturas
- Acme: Apresentação em 12/2
- ~~Leigh: Responder festa 21/4~~
- Escritório fechado 13/4
- Margaret: Se voluntariou para ajudar com recursos
  - Demonstrando mais envolvimento
  - Se esforçando mais

02.04.SEX

- Cancelar ioga
- Kim: comprar bolo
  - Celíaca: sem glúten
  - Festa quinta
- Acme: registrar horas
- Broadway bloqueada, fiz caminho mais longo
  - Descobri um café novo
  - Caminho muito mais bonito
  - Mais relaxado quando cheguei
- Planejar viagem

Não se esqueça de numerar as páginas!

BULLETS

Se o registro rápido é a linguagem do Bullet Journal, os **bullets** são a sintaxe. Após escrever o tópico e o número da página, você pode registrar seus pensamentos em forma de sentenças curtas e objetivas, que são os bullets. Cada bullet é acompanhado de um marcador específico para categorizá-lo. Usamos bullets não só porque tomam menos tempo, mas também porque transformar informação em sentenças curtas nos obriga a filtrar o que é mais importante.

Compor bullets eficientes exige encontrar um equilíbrio entre concisão e clareza. Se um item é conciso demais, será difícil decifrá-lo depois. Se for muito longo, a anotação de pensamentos vira um fardo. Por exemplo: "Retornar ligação logo!" é impreciso. Para quem você tem que ligar? E quando? Qual é o motivo? Na correria do dia a dia, é fácil esquecer. Já a anotação "Ligar para John M. assim que possível porque ele precisa saber quando terá o resultado das vendas de junho para apresentar" contém informações demais. Algo como "Ligar John M. sobre resultado vendas junho" seria melhor. Diz exatamente a mesma coisa, com um terço das palavras. Logo mais, vou ensinar como transformar essa tarefa em uma prioridade utilizando símbolos discriminadores (p. 92).

Manter as sentenças curtas sem perder significado exige prática, mas com o tempo isso aprimora nossa capacidade de identificar o

BULLETS

que vale a pena anotar. Isso é importante, porque nossas vidas são de uma complexidade praticamente infinita, e muita coisa poderia ser monitorada. Se você já fez listas no passado, sabe como elas podem sair do controle. Quase sempre não têm contexto e senso de prioridade. O registro rápido tem algumas maneiras de resolver essa questão. A primeira é categorizar as entradas em:

1. Coisas que você precisa fazer (tarefas).
2. Coisas que aconteceram ou vão acontecer (eventos).
3. Coisas que não quer esquecer (notas).

Cada categoria de bullets traz um **marcador**, que acrescenta contexto e função às entradas de seu Bullet Journal. No decorrer do dia, esses marcadores permitem registrar seus pensamentos em tempo real e contextualizá-los. Depois, facilitam muito a localização de conteúdo específico conforme você passa os olhos pelas páginas. Vamos dar uma olhada em cada categoria e ver como essa sintaxe mantém suas anotações organizadas, sucintas e eficientes.

TAREFAS

O marcador de **tarefa** é um dos grandes alicerces do Bullet Journal. Pense nele como uma caixa de seleção. (Versões mais antigas do método utilizavam os referidos quadradinhos, mas com o tempo ficou claro que não eram tão eficientes quanto os pontinhos. É demorado desenhá-los e arriscam ficar tortos, comprometendo a legibilidade.) O marcador (•) é rápido, simples e flexível. Pode ser facilmente transformado em outras formas, o que é importante, porque tarefas podem ter cinco estágios diferentes:

- **Tarefas:**
  São entradas que precisam ser executadas.

- ✗ **Tarefas cumpridas:**
  Entradas que foram executadas.

- ➤ **Tarefas migradas:**
  Entradas que foram transferidas para o registro mensal seguinte (p. 102) ou para uma coleção específica mais adiante no caderno (p. 96).

TAREFAS

< Tarefas agendadas:
Entradas vinculadas a uma data fora do mês corrente e que, portanto, são deslocadas para o início do caderno, onde fica o registro futuro (p. 107).

• ~~Tarefas irrelevantes:~~
Às vezes as tarefas que definimos acabam perdendo importância. Ou deixam de ter valor ou as circunstâncias mudam. Uma tarefa que não importa mais vira uma distração. Risque-a de sua lista. É uma coisa a menos com que se preocupar.

Subtarefas e tarefas-mãe

Algumas tarefas exigem múltiplos passos para ser cumpridas. As tarefas dependentes, ou subtarefas, podem ser listadas logo abaixo da tarefa-mãe. Tarefas-mãe só podem ser assinaladas como concluídas quando todas as subtarefas tiverem sido feitas ou riscadas como irrelevantes.

DICA: Quando você notar que estão surgindo muitas subtarefas em uma tarefa-mãe, pode ser um sinal de que ela está virando um projeto. Se for o caso, essa lista pode ser transformada em coleção (p. 96). Planejar uma viagem, por exemplo, costuma ser complexo, com tarefas que vão da pesquisa do local até o meio de transporte para comprar materiais, cada uma contendo subtarefas (verificar os hotéis X, Y e Z na internet, assim como o preço de passagens e de aluguel de carro. Se você notar que uma tarefa está se transformando em um projeto, mas na hora não tiver tempo para criar uma

01.04. QUI

- x Keith: Ligar: jantar sábado
- • Acme: formulários de autorização
  - • Heather: E-mail formulários
  - > E-mail com formulário para participantes
  - < Colher assinaturas
- – Acme: Apresentação eu 12/2
- ~~• Leigh: Responder festa 21/4~~
- – Escritório fechado 13/4
- ○ Margaret: Se voluntariou para ajudar com recursos
  - – Demonstrando mais envolvimento
  - – Se esforçando mais

02.04. SEX

- x Cancelar ioga
- • Kim: comprar bolo
  - – Celíaca: sem glúten
  - – Festa quinta
- • Acme: registrar horas
- ○ Broadway bloqueada, fiz caminho mais longo
  - – Descobri um café novo
  - – Caminho muito mais bonito
  - – Mais relaxado quando cheguei
- • Planejar viagem

TAREFAS

nova coleção, apenas registre uma tarefa como lembrete para fazê-lo depois: "• Criar coleção férias no Havaí". É um exemplo perfeito de como bullets podem servir como âncoras mentais.

Registrar tarefas serve a dois propósitos. Em primeiro lugar, ajuda a consolidar a lembrança em sua mente. Você fica mais próximo de recordar perfeitamente seus projetos em aberto. Isso se deve, em parte, ao que é conhecido como efeito Zeigarnik. A psiquiatra e psicóloga russa Bluma Wulfovna Zeigarnik observou que os funcionários de um restaurante da sua vizinhança conseguiam se lembrar de pedidos complexos apenas até o momento em que eram entregues, após o que esqueciam os detalhes. O atrito de uma tarefa não concluída mobiliza a mente de forma ativa. Em segundo lugar, ao anotar tarefas e seu andamento, você automaticamente cria um registro de suas ações. Isso é muito valioso durante a reflexão (p. 143) ou quando você revisa os dias, meses e anos desse ponto em diante no seu caderno. Assim você sempre saberá o caminho que está trilhando rumo ao seu objetivo.

EVENTOS

Os **eventos** — representados pelo marcador circular aberto (°) — são entradas relativas a acontecimentos, que podem tanto ser agendados de antemão ("festa de aniversário do Charlie") como registrados depois de ocorridos ("assinei o contrato de aluguel, eba!").

A anotação dos eventos, independentemente de seu valor pessoal ou emocional, deve permanecer o mais objetiva e breve possível. O evento "Noite de filmes" não tem um peso maior ou menor do que "Ele terminou comigo". Por não ter que articular toda a complexidade de uma experiência, anotar eventos torna mais fácil registrar com precisão e filtrar em uma unidade de informação curta e objetiva até mesmo a mais complicada circunstância. Assim, é muito mais provável que a anotemos. Essa é a coisa mais importante: ter um registro.

Tentar explicar como você se sente no momento em que ocorre um evento doloroso pode ser extremamente difícil, para não dizer impossível. Mesmo um acontecimento feliz talvez suscite sentimentos complexos, como gratidão e conquista — e até mesmo o pesar porque um ente querido não estava presente. Em todo caso, podem causar muitas distrações. Eventos permitem registrar uma experiência e descarregá-la temporariamente da cabeça, de modo que você possa voltar a se concentrar nas prioridades. Dessa forma, tem um

01.04. QUI

- x Keith: Ligar: jantar sábado
- • Acme: formulários de autorização
  - • Heather: e-mail formulários
  - \> E-mail com formulário para participantes
  - \< Colher assinaturas
- – Acme: Apresentação eu 12/2
- ~~• Leigh: Responder festa 21/4~~
- – Escritório fechado 13/4
- ∘ Margaret: Se voluntariou para ajudar com recursos
  - – Demonstrando mais envolvimento
  - – Se esforçando mais

02.04. SEX

- x Cancelar ioga
- • Kim: comprar bolo
  - – Celíaca: sem glúten
  - – Festa quinta
- • Acme: registrar horas
- ∘ Broadway bloqueada, fiz caminho mais longo
  - – Descobri um café novo
  - – Caminho muito mais bonito
  - – Mais relaxado quando cheguei
- • Planejar viagem

registro armazenado em segurança, pronto para ser revisitado quando você tiver mais tempo, perspectiva ou recursos para lidar com a burocracia emocional.

Por exemplo, um usuário do Bullet Journal chamado Michael conheceu uma mulher por quem ficou perdidamente apaixonado. O relacionamento tinha apenas alguns meses, mas tudo indicava um forte vínculo e um belo futuro. Um dia, ela o convidou para jantar. Ali sentado, Michael percebeu que havia algo estranho. Ela disse que não queria mais ficar com ele. Pego de surpresa, ele perguntou o motivo. Ela alegou que não sabia, mas que precisava terminar.

Michael ficou atormentado e confuso com a perda de algo que acreditava ser raro e especial. Algumas semanas depois, pegou seu Bullet Journal, que continha o registro do relacionamento, e leu toda a história, uma página de cada vez. Ele ficou chocado ao descobrir que em nenhum momento as coisas estiveram tão boas quanto ele lembrava. Notas após notas pintavam uma pessoa um pouco distante, que nunca foi particularmente boa para ele. A realidade da situação, em suas próprias palavras, fornecia a perspectiva de que precisava para seguir adiante.

Foi um importante momento de clareza que deu a ele uma percepção valiosa que não teria obtido de outro jeito. Esse é apenas um exemplo de como ter um relato objetivo de sua experiência pode ser uma ferramenta poderosa para a vida. O BuJo não serve apenas para destacar nossas agruras, no entanto. Ele também pode deixar você mais atento às coisas positivas. Às vezes terminamos o ano com a sensação de que não aconteceu nada muito notável — talvez aquela viagem para o Havaí ou a promoção que esperávamos tenham ido por água abaixo, talvez tivéssemos achado que faríamos mais progresso na procura por apartamento. Todos temos uma tendência à

EVENTOS

negatividade. Folhear o Bullet Journal pode ajudar a corrigir essa perspectiva: houve comemorações, projetos concluídos, metas de treino conquistadas, exames médicos com bons resultados, crianças e animais de estimação fazendo coisas fofas, conversas profundas com amigos, filhos, pais ou cônjuges, e assim por diante.

Nossa memória não é confiável. Com frequência somos levados a acreditar em coisas imprecisas e tendenciosas relativas às nossas experiências. Estudos sugerem que a lembrança que temos de nossas sensações pode ser totalmente diferente da verdadeira sensação que tivemos com a experiência em si. Podemos lembrar acontecimentos maravilhosos de forma negativa e acontecimentos negativos de forma positiva. Dan Gilbert, psicólogo de Harvard, compara nossa memória a retratos pintados, e não a fotografias, com nossa mente interpretando artisticamente a recordação.[20]

É importante manter um registro preciso de como as coisas aconteceram, porque é comum tomarmos decisões com base em experiências passadas. Se nos baseamos apenas na memória, ficamos propensos a repetir os mesmos erros, acreditando que algo teve um efeito que na verdade não teve. Bom ou ruim, grande ou pequeno, anote. Eventos são como fotografias de momentos. Com o passar dos dias, meses e anos, eles formarão um mapa preciso de sua vida. Compreender como chegamos aonde estamos hoje nos permite tomar decisões mais bem informadas enquanto planejamos o caminho que pretendemos seguir.

DICA 1: Recomendo descarregar experiências o mais rápido possível após o evento, para que os detalhes estejam frescos na memória e saiam mais fiéis. As reflexões diurna e noturna (p. 148) funcionam bem para esse fim.

O MÉTODO BULLET JOURNAL

DICA 2: Quem gosta de escrita prolongada ou expressiva (p. 284) pode acrescentar notas (p. 88) sob um evento se houver detalhes importantes e/ou interessantes que deseja registrar para utilização futura a respeito de uma experiência. Como sempre, seja sucinto:

o Encontro com Sam no Pastor
   - Chegou 15 minutos atrasada. Não mandou mensagem. Não se desculpou.
   - Achou graça em eu ter me arrumado.
   - Pediu coisa demais e não comeu quase nada. Não se ofereceu para pagar.
   - Guacamole incrível.

DICA 3: Eventos que precisam ser agendados em datas específicas fora do mês corrente são acrescentados ao registro futuro (p. 107), como aniversários, reuniões e jantares.

NOTAS

As **notas** são representadas com um traço (–). Elas abrangem fatos, ideias, pensamentos e observações. São coisas de que você quer se lembrar, mas que não exigem imediata ou necessariamente uma ação. Esse tipo de anotação funciona bem em reuniões, palestras e aulas. Todos sabemos o que são notas, então não entrarei em muitos detalhes. No entanto, quero falar dos benefícios de formatá-las no estilo do Bullet Journal.

Mantendo-as curtas, você é obrigado a filtrar as informações para chegar ao essencial. Quanto mais conteúdo tenta registrar durante uma aula ou uma reunião, menos pensa no que está sendo dito. Você queima grande parte de sua capacidade de atenção tentando reproduzir tudo.

Ser estratégico e econômico na escolha das palavras força você a mobilizar a mente. Ao se perguntar o que é importante e por que motivo, você passa de ouvinte passivo a alguém que presta atenção ativa no que é dito. É quando começamos a nos concentrar de verdade que as informações se transformam em conhecimento. Um dos principais focos do Bullet Journal é melhorar a atenção tanto em relação ao nosso redor como ao nosso mundo interno, para que possamos começar a compreender ambos. Falaremos mais sobre isso na parte III.

01.04.QUI.

- x Keith: Ligar: jantar sábado.
- • Acme: formulários de autorização.
  - • Heather: E-mail formulários.
  - \> E-mail com formulário para participantes
  - \< Colher assinaturas
- − Acme: Apresentação em 12/2
- − ~~Leigh: Responder festa 21/4~~
- − Escritório fechado 13/4
- ∘ Margaret: Se voluntariou para ajudar com recursos.
  - − Demonstrando mais envolvimento
  - − Se esforçando mais

02.04.SEX.

- x Cancelar ioga.
- • Kim: comprar bolo
  - − Celíaca: sem glúten
  - − Festa quinta
- • Acme: registrar horas.
- ∘ Broadway bloqueada, fiz caminho mais longo
  - − Descobri um café novo
  - − Caminho muito mais bonito
  - − Mais relaxado quando cheguei
- • Planejar viagem

NOTAS

Espere seu cérebro processar a informação

Não saia correndo assim que a reunião, aula ou palestra terminar. Informações dependem de contexto. Quando você se expõe a novas informações, a história se desenvolve, uma parte por vez. Só no final você verá como elas se encaixam. Aguarde alguns momentos depois do evento e use-os a seu favor. Tire um instante para processar o que ouviu. Registre o que vier à tona. Com frequência ganhamos outra percepção ao contextualizar melhor a informação. Dê um passo para trás, revise suas anotações, veja o que mais surge e ponha tudo no papel. Essa é uma ótima oportunidade para preencher lacunas de compreensão ou destacá-las. Ter uma lista de perguntas pode ajudar a próxima interação a ser mais direcionada e produtiva. A curiosidade também é uma boa fonte de motivação, facilitando o envolvimento proativo com o conteúdo. Se realmente quiser saber algo, você vai conseguir.

Busque afinidade

Sempre que possível, tente se ater a informações com que se identifique e em que tenha interesse genuíno. Aqui está um exemplo de como aplicar essas dicas:

> **Fonte:** "Alguns coletivos de animais têm nomes incomuns. O bando de borboletas se chama panapaná. O de macacos é capela. Um rebanho de cabras é um fato. Grupos de tipos específicos de peixes às vezes têm nomes diferentes. Um cardume de sardinhas é conhecido como queimada".

O MÉTODO BULLET JOURNAL

Nota ineficiente: Alguns grupos de animais têm nomes específicos.

Nota eficiente: O coletivo de sardinha é queimada! O de macaco é capela!

Embora a primeira nota seja sucinta, você ficará confuso ao lê-la semanas depois, achando que se refere a termos mais gerais como "insetos", "símios" e "peixes". A segunda, por outro lado, associa a informação a algo com que você se importa (nesse caso, macacos; se você é um monstro desnaturado que não gosta deles, opte pelas sardinhas) e ajuda a deduzir muito mais coisas. Se grupos de macacos e sardinhas têm nomes peculiares, então faz sentido que outros animais também tenham. Essa nota sucinta e específica deve acionar lembranças adicionais sobre o assunto. Você pode até mesmo criar uma tarefa para se lembrar de buscar mais informação.

Uma forma simples de resumir todas essas dicas é: tenha em mente seu eu futuro. Suas notas serão inúteis se não puderem ser decifradas depois de uma semana, um mês ou um ano. Então faça uma gentileza a si mesmo e não sacrifique a clareza em nome da concisão. Isso vai manter seu Bullet Journal relevante por muitos anos.

SÍMBOLOS E MARCADORES PERSONALIZADOS

Os marcadores de tarefa, evento e nota vão lhe servir bem na maioria das situações. Apesar disso, as necessidades diferem de pessoa para pessoa. Um modelo não serve para todos. Esse é um dos princípios centrais do Bullet Journal. É por isso que estimulamos você a personalizar o sistema assim que estiver confortável com os conceitos básicos. Vou mostrar como adequar seu Bullet Journal às suas necessidades por meio de **símbolos** e **marcadores personalizados**.

Símbolos

O registro rápido também pode aprimorar a funcionalidade das listas por meio do uso dos **símbolos**, que são ícones para discriminar anotações específicas e dar a elas contexto adicional. Eles são colocados diante dos marcadores, na frente do restante de sua lista, e portanto facilitam a localização. Aqui estão alguns exemplos de símbolos que considero úteis:

01.04.QUI

- • Keith: Ligar: jantar de sábado
- * • Acme: formulários de autorização
  - • Heather: E-mail formulários
  - > E-mail com formulário para participantes
  - < Colher assinaturas
- – Acme: Apresentação em 12/2
- ~~• Leigh: Responder festa 21/4 •~~
- – Escritório fechado 13/4
- ° Margaret: Se voluntariou para ajudar com recursos
  - – Demonstrando mais envolvimento
  - – Se esforçando mais

02.04.SEX

- x Cancelar ioga
- • Kim: comprar bolo
  - – Celíaca: sem glúten
  - – Festa quinta
- * • Acme: registrar horas
- ° Broadway bloqueada, fiz caminho mais longo
  - – Descobri um café novo
  - – Caminho muito mais bonito
  - – Mais relaxado quando cheguei
- ! • Planejar viagem

SÍMBOLOS E MARCADORES PERSONALIZADOS

Prioridade: Representado por asterisco (*). Utilizado para marcar um item como importante e geralmente associado às tarefas. Use com moderação. Se tudo for prioridade, nada é.

Inspiração: Representado por ponto de exclamação (!). Geralmente associado a uma nota. Você nunca mais vai perder grandes ideias, mantras pessoais e insights geniais!

Marcadores personalizados

Marcadores personalizados ajudam a registrar situações únicas. Por exemplo, pessoas que delegam muitas tarefas podem usar uma barra em cima do bullet para indicar a atribuição:

/ Apresentação. Com KevinB analisando estatísticas

Quando Kevin terminar de analisar as estatísticas, você pode transformar a barra em um "X" para assinalar que a tarefa delegada foi concluída.

Marcadores personalizados são uma mão na roda quando se tem tarefas ou eventos recorrentes, como "Treino de futebol", que pode ser identificado com um "F". É fácil acrescentar esse marcador ao seu calendário no registro mensal (p. 102) e assim avistar todos os dias de treino de uma vez. Fique à vontade para utilizar letras em vez de ícones se achar mais fácil de lembrar.

DICA: Use o mínimo possível de marcadores personalizados e símbolos. O registro rápido elimina o máximo de atrito na hora de capturar informações. Quanto mais marcadores você inventar, mais complexo seu Bullet Journal ficará e mais lento você será.

Resumo do registro rápido

Já passamos por todos os passos do registro rápido, uma forma ligeira e eficiente de registrar e separar seus pensamentos em tarefas, eventos e notas. Eles são restringidos por um tópico, que ajuda a estabelecer o propósito da página, e uma numeração, para facilitar sua localização.

A técnica de registro rápido foi criada para auxiliá-lo em sua luta diária. Ela permite descarregar toda a informação com que você é bombardeado o todo tempo e terminar um dia caótico com uma lista categorizada com clareza, em ordem de prioridade.

COLEÇÕES

#bulletjournalcollection

Não importa quão organizado você queira ser — a vida é uma bagunça, muitas vezes imprevisível. O Bullet Journal acolhe esse caos em vez de tentar combatê-lo, trocando a estrutura linear das agendas tradicionais por uma abordagem em módulos.

Como um conjunto de Lego, ele é composto de blocos. Cada bloco é projetado para organizar e coletar informações correlatas; é por isso que nós os chamamos de **coleções**. Eles são intercambiáveis, reutilizáveis e personalizáveis. Talvez no mês anterior você tenha criado uma lista de compras, organizado uma viagem e preparado uma apresentação. Este mês, no entanto, talvez você precise monitorar sua fertilidade, organizar uma festa e planejar suas refeições. Não importa que informações precisa ordenar: sempre haverá uma coleção para elas. Se não conseguir encontrar uma pronta, você pode inventar a sua.

O portfólio de coleções que optar por usar depende totalmente de você e vai mudar com o tempo. Isso torna o Bullet Journal muito flexível e permite que seja continuamente adaptado a uma ampla variedade de usos. É por isso que os BuJos que você encontra na

O MÉTODO BULLET JOURNAL

internet não se parecem uns com os outros. Cada um reflete as singulares necessidades de seu usuário num dado momento.

Nas páginas seguintes, você vai aprender sobre as quatro coleções principais: registro diário, registro mensal, registro futuro e índice, que é a que ordena todas as outras. Elas vão servir como estrutura do seu caderno. Vamos examiná-las mais de perto, ver como se relacionam e como podem ajudar a ordenar o caos, uma parte de cada vez.

REGISTRO DIÁRIO

#bulletjournaldailylog

O **registro diário** é o burro de carga do Bullet Journal. Seu modelo funcional foi pensado para registrar em tempo real o dilúvio de atividades diárias. Você pode contar com ele para manter seus pensamentos organizados com pouquíssimo esforço e assim se concentrar no que estiver fazendo no momento.

Para criar seu registro diário, você só precisa acrescentar a data e o número da página. Pronto! Com o espaço estabelecido, você está pronto para o registro rápido (p. 70) de suas tarefas, eventos e notas conforme forem acontecendo ao longo do dia. A ideia é ter um sistema para aliviar a mente. Assim sua cabeça ficará tranquila, sabendo que tudo está seguro.

Seu registro diário é mais do que uma simples lista de tarefas. Sim, ele serve para registrar suas responsabilidades, mas também ajuda a documentar sua experiência. É um local seguro onde sua mente pode se expressar livremente e sem julgamento, capaz de receber seus pensamentos à medida que surgem no decorrer do dia. Com o tempo, forma-se um registro de seu estado de espírito, algo que terá grande valia quando fizer a reflexão (p. 143). Ele providencia

REGISTRO DIÁRIO

01.04.QUI

- Keith: Ligar: jantar sábado
- * Acme: Formulários de autorização
  - Heather: E-mail formulários
  - \> E-mail com formulário para participantes
  - \< Colher assinaturas
- – Acme: Apresentação EU 12/2
- ~~Leigh: responder festa 21/4~~
- – Escritório fechado 13/4
- ° Margaret: Se voluntariou para ajudar com recursos
  - – Demonstrando mais envolvimento
  - – Se esforçando mais

02.04.SEX

- x Cancelar ioga
- Kim: comprar bolo
  - – Celíaca: sem gláten
  - – Festa quinta
- * Acme: registrar horas
- ° Broadway bloqueada, fiz caminho mais longo
  - – Descobri um café novo
  - – Caminho muito mais bonito
  - – Mais relaxado quando cheguei
- Planejar viagem

REGISTRO DIÁRIO

o contexto que muitas vezes falta em nosso cotidiano, de modo que podemos ser mais deliberados em nossas ações.

Já experimentei quase todos os sistemas de organização disponíveis. Nunca deu certo, porque exigiam que eu investisse muito dinheiro ou tempo para dominar a técnica.

Iniciei o BuJo com um caderno baratinho e uma lapiseira. Entendi que o método tem mais a ver com propósito do que com estrutura. Acrescento atividades ao registro diário conforme o dia passa. Ele flui melhor assim. O Bullet Journal funciona tanto como controle quanto como registro.

Kevin D.

Espaço

Uma pergunta que sempre me fazem é quanto espaço ocupa o registro diário. Minha resposta é: tanto espaço quanto o dia exija, algo que não há como saber antecipadamente. Alguns registros diários podem ocupar muitas páginas, enquanto outros não chegam a meia página. É praticamente impossível dizer como o dia vai se desenrolar. Embora possa ser útil estabelecer um propósito, como "hoje não vou reclamar", é importante se lembrar de não criar uma expectativa, porque é algo que está fora de seu controle.

O MÉTODO BULLET JOURNAL

Se a vida é como o mar, os dias são como ondas.
Algumas grandes, outras pequenas. Seu Bullet
Journal é a praia, que será demarcada por elas.

Se não preencher a página inteira, acrescente a próxima data onde parou. Você nunca deve ter a sensação de que está ficando sem espaço. É por isso que não recomendo criar registros diários antes do tempo. O melhor é fazê-lo no mesmo dia ou na noite anterior.

Seu registro diário deve se parecer menos com as listas de tarefas estressantes com que estava acostumado e mais com um registro, um lembrete para viver um dia de cada vez, de acordo com seus propósitos.

REGISTRO MENSAL

#bulletjournalmonthlylog

Essa coleção o ajuda a recuar um pouco e respirar fundo antes de mergulhar no mês que se aproxima. Oferece uma visão geral do que você precisa fazer, assim como do tempo que tem disponível. Se cada Bullet Journal é um volume da história da sua vida, então o **registro mensal** abre um novo capítulo. São marcos pequenos, porém significativos, ao longo do ano. Criá-los nos permite entrar em contato regularmente com nossa essência para que possamos manter/retomar contexto, motivação e foco.

Para criar seu primeiro registro mensal, encontre a próxima página dupla em branco. O tópico dessa coleção é o nome do mês, que acrescentamos nas duas páginas (pp. 103-4). A da esquerda será o calendário; a da direita, a página de tarefas.

Calendário

Nessa página, liste os dias do mês do lado esquerdo, seguidos da primeira letra do dia da semana correspondente (p. 103). Lembre-se

CALENDÁRIO

FEVEREIRO

1	S	Enviar newsletter. 78,5 kg. menos 2,5!
2	T	
3	Q	Jantar Michael no Faro
4	Q	
5	S	Jantar de despedida Becca no Walters
6	S	Curso Tara Brach no Omega
7	D	
8	S	
9	T	Enviei declaração do IR
10	Q	
11	Q	Contrato da Acme assinado
12	S	
13	S	
* 14	D	Apresentação Chem Co. Foi bem!!
15	S	
16	T	Aniversário Jenna no Ichiran
17	Q	
* 18	Q	Luz caindo. Perdi projeto Redrum :(
19	S	
20	S	
21	D	
22	S	Luz parou de cair
* 23	T	Lançamento site Sokura!
24	Q	
25	Q	
* 26	S	
27	S	
28	D	

TAREFAS

FEVEREIRO

- Steph: entrega gelo-seco
- Cancelar aula de ioga
- Comprar bolo Kim!
- Registrar horas
- Enviar comprovantes de despesas
- Enviar fotos das férias para Linda
- Pagar aluguel
- Ligar para vovó
- Deixar roupas na lavanderia
- Marcar consulta
- Comprar vestido casamento Vivian
- Fazer playlist casamento Vivian

O MÉTODO BULLET JOURNAL

de deixar espaço na margem esquerda para acrescentar símbolos discriminadores depois. Isso vai lhe permitir passar os olhos pelo calendário e identificar algo particularmente digno de atenção.

Fique à vontade para utilizar essa página como um calendário tradicional, encaixando seus eventos e tarefas com antecedência. Dito isso, nada é imutável; eu prefiro registrar eventos só depois que acontecem. Dessa forma, a página do calendário do registro mensal funciona como um índice mensal (p. 103), permitindo que você localize rapidamente o que aconteceu e quando.

Seu eu futuro vai agradecer essa linha do tempo, uma vez que pode oferecer uma visão muito clara e contextualizada. Ela mostra exatamente qual foi seu foco em determinado mês, pois destaca com precisão quando cada coisa aconteceu.

DICA 1: Mantenha as anotações tão curtas quanto possível, já que o registro mensal deve ser usado apenas como referência.

DICA 2: Para melhor visibilidade, você pode desenhar linhas para dividir as semanas.

Página de tarefas (ou inventário mental)

A página de tarefas do registro mensal serve como um inventário mental permanente. Ao fim de cada mês, reúna nela todas as tarefas que quiser realizar durante o mês seguinte. Dê-se ao luxo de demorar o quanto for necessário para descarregar o que estiver fervilhando em sua cabeça. O que importa este mês? Quais são as prioridades?

REGISTRO MENSAL

Quando terminar de registrar seus pensamentos, repasse o mês anterior e veja quais tarefas permanecem em aberto. Transfira quaisquer entradas importantes para a página de tarefas do registro mensal. Mergulharemos mais a fundo nesse processo no capítulo sobre migração (p. 119), mas, por enquanto, saiba que é assim que as tarefas não se perdem quando se utiliza o Bullet Journal. Reescrevemos as coisas até que sejam concluídas ou se tornem irrelevantes.

REGISTRO FUTURO

#bulletjournalfuturelog

O Bullet Journal se desenvolve de maneira orgânica com base no que você necessita em determinado local e momento. Agora você talvez esteja se perguntando: como planejar o futuro? Para isso, usamos uma coleção específica. O **registro futuro** é um banco de dados contendo todas as anotações que têm data específica fora do mês corrente. Então, se estamos em setembro e você tem um projeto com prazo para, digamos, 15 de dezembro, é para lá que ele vai.

O registro futuro fica no começo do seu Bullet Journal, logo depois do índice (p. 111). Em geral, ele exige uma ou duas páginas duplas e pode ter diferentes estilos. Aqui eu incluí um modelo simples mas efetivo de três meses para sua referência (p. 109).

Mas como funciona na prática? Durante o dia, continue a anotar tudo em seu registro diário (p. 98), até mesmos tarefas futuras. Repetindo: o registro diário evita que percamos tempo pensando em onde anotar coisas. Guardamos nele nossos pensamentos até estarmos prontos para organizá-los. Quando chegar a hora — como durante a reflexão diária (p. 146) —, você vai transferir quaisquer

REGISTRO FUTURO

itens com data futura dele para seu registro futuro. Não se esqueça de marcar o item como agendado (<) em seu registro diário. Assim, você saberá que ele já foi alocado e poderá tirá-lo temporariamente da cabeça.

Pense no registro futuro como uma fila. Cada item está aguardando ansiosamente a chegada do seu mês. Quando estiver organizando seu registro mensal (p. 102), não se esqueça de conferir o registro futuro em busca de itens que já possam ser realocados. Se encontrar algum, migre-os (p. 120) para o registro mensal. Lembre-se de marcá-lo como "migrado" no registro futuro.

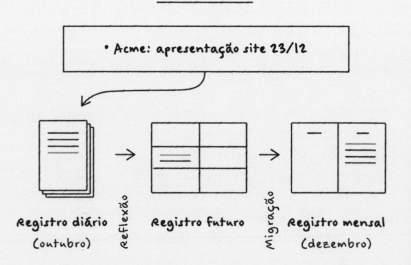

REGISTRO FUTURO

OUT

- ○ 6-7 Congresso design: NY
- • 16 Maya: jantar

NOV

- • 3 James: prazo final documentação
- • 14 Venton Vision: enviar esboço
- ○ 9-11 viagem San Diego

DEZ

- ○ 11 aniversário Jonathan
- * • 15 chá Yay: apresentação site

REGISTRO FUTURO

Quando você pega o jeito, esse se torna um modo eficiente de lembrá-lo das responsabilidades que está aceitando em sua vida. Seu registro futuro funciona como uma máquina do tempo mental que revela os contornos do futuro que você está construindo — para que possa corrigi-lo, se necessário.

ÍNDICE

#bulletjournalindex

Sempre usei um caderno no trabalho, no qual anotava conversas telefônicas, reuniões e outros detalhes do dia cronologicamente. Eu também tinha zilhões de listas de tarefas e post-its, além de um calendário de papel sobre a mesa, e atualizava o do celular de vez em quando.

Sempre que precisava encontrar alguma coisa no meu caderno de trabalho, caçava nos calendários a data da reunião ou do telefonema — ou chutava uma data aproximada. Depois folheava o caderno até encontrar o dia certo.

O sistema Bullet Journal foi um refinamento incrível do meu sistema cronológico. Agora, consulto o índice, onde posso encontrar o número da página do que estou procurando para abrir diretamente nela!

Cheryl S. Bridges

O seu caderno acolherá qualquer coisa que você queira compartilhar. Em determinado momento você está planejando a semana; no outro, esboçando o layout de uma sala ou escrevendo um poema.

ÍNDICE

Perder-se em seu caderno pode ser uma experiência agradável e libertadora, mas perder coisas *nele* com certeza não é. A esta altura, você deve estar se perguntando como vai controlar todas esta coleções. No Bullet Journal, nós resolvemos esse desafio com o índice.

*O índice é uma forma fácil de encontrar
seus pensamentos — mesmo dias, meses ou anos
após tê-los confiado ao caderno.*

Parte sumário, parte índice remissivo, o índice do Bullet Journal é, a rigor, uma coleção que mora nas primeiras páginas do seu caderno. Você pode pensar nele como um contêiner que armazena todas as outras coleções (menos o registro diário, por motivos que explicarei depois).

Recomendo reservar quatro páginas — duas duplas — para o índice (se você tiver o caderno oficial do Bullet Journal, ele já vem incluído). Assim que tiver sido criado, ele está pronto para acolher suas coleções. Para acrescentar uma, simplesmente anote o tópico e o número da página em que se encontra (p. 113).

Como você pode ver no exemplo, coleções não precisam ser consecutivas. A vida é imprevisível e muitas vezes requer que troquemos a marcha e nos concentremos em novas prioridades. O índice facilita essa alternância de prioridades. Se quiser voltar a utilizar uma coleção mas não tem mais espaço na página, encontre a próxima página em branco e prossiga com o mesmo tópico. Tudo o que você precisa fazer, portanto, é acrescentar o número da página em que continuou no índice, como a seguir.

ÍNDICE

Registro futuro: 1-4
Janeiro: 7
Projeto comportamento de usuário:
    Brainstorm: 11-2
    Pesquisa: 13-8
    Comportamento de usuário: 19-20
    Comportamento de usuário 2: 21-2
Registro de alimentação 1-7/4: 23-4
Lista de leitura: 25
Desenhos: 25- 29, 32, 36 ← *Não precisa ser consecutivo*
Fevereiro: 37

ÍNDICE

Subcoleções

Quando se trabalha em um projeto com muitas partes, cada uma delas merece sua própria subcoleção. Como se pode ver no exemplo (p. 113), "Projeto comportamento de usuário" tem quatro subcoleções, dedicadas a partes diferentes do projeto.

Índice dedicado

Alguns Bullet Journals se concentram em apenas alguns tópicos. Se você for estudante, pode ser o currículo de estudos vigente. Se for gerente de projeto, pode ser o acompanhamento de todas as partes diferentes de seu(s) projeto(s). Nesses casos, você pode usar uma abordagem alternativa conhecida como índice dedicado. Ele funciona praticamente do mesmo modo que o padrão, só que cada página é restrita a um assunto.

Desse modo, se você está tendo aulas de ciências, inglês, matemática e história, pode fazer uma página de índice para cada uma dessas matérias. Por exemplo, se estiver cursando história americana, uma página de seu índice teria esse tópico. Cada seção do curso definiria uma coleção-mãe, e cada matéria dentro dela seria uma subcoleção.

HISTÓRIA AMERICANA (PÁGINA DE ÍNDICE)

Guerras revolucionárias: (coleção-mãe)
    Batalha de Lexington: 10-4
    Batalha de Forte Ticonderoga: 15-20 } Subcoleções
    Batalha de Bunker Hill: 21-32

NOVO SITE DA ACME

Brainstorm: 10-5

Design do site:
    Fluxo de usuários: 16-26
    Fluxo de usuários/revisão/0419: 27-8
    Wireframes: 29-40
    Wireframe/revisão 1/0425: 41-3
    Wireframe/revisão 2/0501: 43-6
    Design: 47-52
    Design/revisão 1/0510: 53-4
    Design/revisão 2/0515: 55-7
    Teste com usuários: 58-61, 63, 65

Conteúdo do site:
    Estratégia de conteúdo: 70-5
    Bios atualizadas/descrições de seções: 76-83, 99
    Descrições de produtos: 84-5, 92-4

Índices dedicados não se limitam à sala de aula. Este é um exemplo para o lançamento do site de uma nova empresa.

ÍNDICE

Encadeamento

Embora o índice seja uma forma eficiente de ajudar a circular por seu caderno, alguns podem achar que ele envolve muitas idas e vindas entre as páginas. Há uma solução para isso: o encadeamento.

Essa técnica me foi apresentada por Carey Barnett, engenheiro de software e membro da comunidade BuJo. Logo a adotei em minha própria prática (amo quando isso acontece!). Em programação, o encadeamento é usado para apontar um trecho de código na direção de outro trecho relacionado. No Bullet Journal, usamos o mesmo conceito para apontar a ocorrências anteriores ou posteriores de conteúdo correlato.

Digamos que você tenha uma coleção (ocorrência 1) que começou nas páginas 10-5. O tempo passa e você precisa se concentrar em outras coisas. Você usa as páginas seguintes do caderno. Quando quer retomar a coleção anterior, cria outra ocorrência (ocorrência 2) nas páginas 51-2. Você muda de foco novamente por um tempo, então continua a coleção nas páginas 160-70 (ocorrência 3). Para encadear as três ocorrências, você só precisa acrescentar o número de página de uma ocorrência ao lado dos números das anteriores. Assim, se estiver no início da ocorrência 2, deve escrever "10" ao lado do número 51 da página (fazendo referência à ocorrência 1, que está nas páginas 10-5). No final da ocorrência 2, ao lado da página 52, você escreve "160", apontando para a ocorrência 3 (pp. 160-70).

ENCADEAMENTO

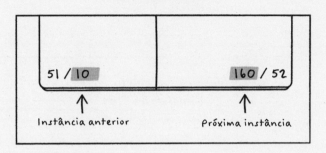

Essa técnica foi ampliada por Kim Alvarez, membro da comunidade, para funcionar encadeando cadernos inteiros! Se você quiser continuar uma coleção — como "Livros a ler" — em um novo caderno sem copiar tudo, pode fazer o encadeamento. Se a primeira ocorrência da coleção "Livros a ler" estiver na página 34 de seu segundo Bullet Journal, por exemplo, você poderia fazer a marcação "2.34" ao lado do número de página da coleção. Aqui, o "2" indica o volume do Bullet Journal, e "34" representa o número de página da coleção nele.

Essa anotação também facilita a adição de referências a outros cadernos em seu índice. Se quiser acrescentar conteúdo de um BuJo anterior ao novo, você só precisa fazer uma anotação como esta no índice: Livros a ler: (2.34), 13.

Com o tempo, seu índice também vai oferecer uma visão geral de como você está investindo seu tempo e energia. É um mapa de todas as coisas que você está *aceitando* em sua vida. Lembre que, para cada coisa a que você diz sim, está dizendo não a outra. "Sim"

ÍNDICE

significa trabalho, sacrifício, investir em uma coisa um tempo que não poderá investir em outra.

Utilize o índice para se manter focado em coisas dignas de seu "sim".

MIGRAÇÃO

*Não há nada tão inútil quanto fazer com grande
eficiência algo que nem deveria ser feito.*

Peter Drucker

Existem muitos sistemas de produtividade que nos ajudam a criar listas, mas poucos nos estimulam a recorrer a elas. Ao acumular tarefas, nossas listas rapidamente se tornam infinitas e incontroláveis, e só de vê-las nos sentimos sobrecarregados e desmotivados.

Ser produtivo é fazer mais trabalhando menos.

Precisamos prestar mais atenção no gerenciamento de nossos compromissos, de modo que possamos concentrar tempo e energia em coisas que realmente importam. No BuJo, a migração nos ajuda a formar esse hábito.

A migração consiste em transferir conteúdo de um parte do Bullet Journal a outra, reescrevendo-o. Isso pode parecer exaustivo, mas serve a um propósito crítico: eliminar distrações. Como demoramos

MIGRAÇÃO

um pouco mais para escrever à mão, há um incentivo para fazer uma pausa e considerar item por item. Se um deles não vale os poucos segundos que se leva para reescrevê-lo, não é tão importante. Livre-se dele. Você precisa mesmo ir àquele evento, cumprir aquela tarefa, organizar aquela festa, preencher aquele relatório? Às vezes sim, mas muitas não.

Muitos penetras aparecem em nossas batalhas diárias. É mais fácil simplesmente aceitar tarefas do que as avaliar com atenção no momento. É assim que responsabilidades vazias se infiltram e logo se acumulam, sugando seus recursos mentais enquanto você permitir. Ao reescrever suas tarefas, você tem a oportunidade de examinar suas responsabilidades e jogar fora as que se mostrarem inúteis. Em poucas palavras, a migração nos proporciona um ciclo contínuo que destaca nossas prioridades. Nesse processo você também vai lembrar quais são suas prioridades e refinar suas tarefas, porque as tarefas impedem que você funcione no piloto automático, desperdiçando grandes quantidades de tempo trabalhando em coisas que não acrescentam valor à sua vida.

Migração mensal

A principal migração acontece no fim de cada mês. Crie um novo registro mensal (p. 102) quando o mês corrente estiver terminando. Nos últimos dias de abril, por exemplo, você deve preparar o registro mensal de maio. Quando fizer isso, examine com atenção as páginas do mês anterior, revisando o andamento de suas tarefas. É provável — e normal — que não tenha executado todas. Transforme a culpa em curiosidade e se pergunte por que cada tarefa

O MÉTODO BULLET JOURNAL

ainda está em aberto. Elas são importantes? São vitais? O que aconteceria caso não fossem cumpridas?

Se perceber que uma tarefa incompleta perdeu a relevância, elimine-a. Tire um momento para desfrutar da sensação de ter resgatado uma parte de seu tempo. Pense pelo lado bom: é uma vitória! Todas elas, independentemente do tamanho, merecem ao menos um minuto de reconhecimento.

Se um tarefa permanece relevante e ainda agrega valor à sua vida, migre-a. Você pode fazer isso de três formas diferentes:

1. Transcreva a tarefa em aberto para a página de tarefas de seu novo registro mensal (p. 102), depois marque a anotação antiga como migrada (>).
2. Transcreva a tarefa em uma coleção personalizada (p. 251), depois marque a anotação antiga como migrada (>).
3. Se a tarefa está atrelada a uma data específica fora do mês vigente, migre-a para o registro futuro, depois marque como agendada (<).

MIGRAÇÃO

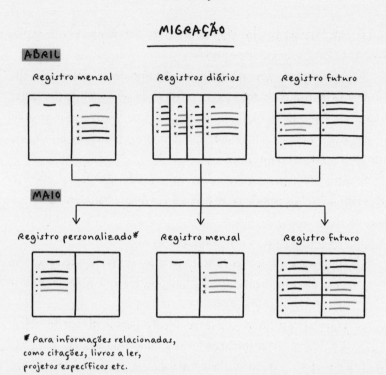

* Para informações relacionadas, como citações, livros a ler, projetos específicos etc.

DICA 1: Quando for criar um novo registro mensal, não se esqueça de verificar o registro futuro (p. 107). Há alguma tarefa ou um evento na fila para o mês seguinte? Se houver, migre esses itens do registro futuro para a página de tarefas ou o calendário do novo registro mensal.

DICA 2: Se você é novo no Bullet Journal, sua primeira migração mensal pode ser uma verdadeira epifania. É onde tudo começa a fazer sentido. Por isso encorajo os novatos a fazerem um teste de pelo menos dois ou três meses antes de pensar em abandonar o BuJo.

O MÉTODO BULLET JOURNAL

Migração anual/ para outro caderno

No início de cada ano, não importa onde você esteja em seu caderno atual, inicie um novo. Não é desperdício? Pode parecer, mas inaugurar um caderno no momento certo pode ser muito motivador. O novo ano é um bom momento para isso, por ser um marco cultural inevitável, tanto literal como metaforicamente. Ele separa o antigo do novo, o que já foi do que pode ser. Por que não aproveitar essa oportunidade de recomeço? Isso nos dá uma desculpa para jogar fora qualquer bagagem inútil que esteja nos sobrecarregando, diminuindo o peso para que surjam novas aventuras.

Ao chegar ao fim de um caderno ou de um ano, revise o índice. Faça um levantamento de todas as coleções que acumulou. Assim você vai ter um mapa preciso de como andou empregando seu tempo e sua energia. Então é hora de fazer uma escolha difícil. Essas coleções (e suas tarefas em aberto) vão acompanhá-lo em seu próximo Bullet Journal?

O processo de migrar conteúdo de um caderno para outro honra as lições que você aprendeu ao aplicá-las à fase seguinte de sua vida. Independentemente de tamanho, migre apenas o conteúdo e as técnicas que se provaram valiosos, e nada mais. Um novo caderno não é um recomeço — é um novo patamar atingido.

Migrar cadernos é uma avaliação generosa, em que você encara as responsabilidades para saber que ganhos e perdas acarretaram. Analise seu BuJo com atenção, porque nele você verá o desenvolvimento de sua narrativa escrita por suas próprias mãos. Cada caderno se torna um volume da história de sua vida. Ele representa a

MIGRAÇÃO

vida que você quer viver? Se não, aprimore as lições que aprendeu para modificar a narrativa no volume seguinte.

DICA: Registro semanal (#bulletjournalweeklylog): Alguns usuários preferem migrar bullets em ciclos semanais, em vez de mensais. Eu utilizo registros semanais apenas quando tenho *muitas* coisas a fazer. Não sou muito fã de reescrever as coisas, então só faço isso se me ajuda a permanecer no controle. Outras pessoas acham a migração semanal útil quando não têm muitos afazeres, porque assim conseguem incluir uma semana inteira de tarefas em uma ou duas páginas. Novamente, tudo depende do que convém às suas necessidades. Gosto de um registro semanal simples, então adapto o modelo do registro diário e estendo o tópico para a semana toda — "14-21 junho", digamos.

Migrando seu inventário mental

Para ter uma ideia de como funciona a migração, vamos usar o inventário mental que você criou antes. Antes de mergulhar de cabeça, revise-o. Certifique-se de que tudo o que listou vale o tempo e a energia que vai gastar para reescrever, separando o que importa do que não importa.

Agora, resolva qual será seu foco no mês seguinte. Esses itens vão para a página de tarefas do registro mensal. Tarefas futuras e eventos vão para o registro futuro. Entradas relacionadas, como livros que você quer ler, serão organizadas em sua própria coleção personalizada.

Não se preocupe em deixar tudo correto ou perfeito. Os mestres também começaram pegando uma ferramenta pela primeira vez. Esse é apenas o primeiro passo em um processo que vai continuar a evoluir pelo tempo que você utilizar o Bullet Journal. Seja paciente consigo mesmo. E lembre-se: faça o que funciona para *você*.

A CARTA

Você deve estar imaginando: por que vou me dar ao trabalho de fazer tudo isso? É uma boa pergunta. Por isso quero compartilhar uma carta de um adepto do método que exemplifica como o sistema pode ser impactante quando integrado à sua vida. Organização não é só riscar coisas de sua lista, mas também ter consciência do que realmente importa.

O pior pesadelo dos pais é não poder fazer nada enquanto seu filho luta para respirar. Os paramédicos entram com maletas gigantescas e uma maca, disparando estatísticas e perguntas rápidas aos que estão por perto. A criança fica azul, fecha os olhos. Eles começam os procedimentos de reanimação e você observa o pequeno corpo saltar cada vez que o peito é pressionado.

Isso aconteceu há uma semana na sala da escolinha do meu filho. A turma é formada por nove alunos com problemas de saúde e desenvolvimento de nível moderado a grave, e seu objetivo é ajudá-los a alcançar as outras crianças da mesma idade. Entre as enfermidades estão tumor cerebral, esclerose múltipla, fibrose cística, autismo e câncer em remissão. O garotinho que parou de respirar parecia um pouco diferente no

O MÉTODO BULLET JOURNAL

início do dia, mas não estava com febre nem se sentia mal — cinco minutos antes, estava feliz, brincando de trenzinho com meu filho.

Virei para o lado para ajudar outra criança a encontrar um giz de cera laranja e, de repente, começou a gritaria e o caos. Então chamaram a emergência. Chegaram os paramédicos. Acabou o oxigênio da sala, e acho que todos nós, pais e professores ali presentes, prendemos a respiração enquanto as outras crianças eram levadas para outra sala por motivo de segurança.

A mãe da vítima estava presente. Ela não manteve a calma. Suas mãos tremiam tanto que sacudiam a bolsa enquanto ela procurava algo lá dentro. Lágrimas corriam por seu rosto quando os paramédicos entraram às pressas e tiraram a mão de seu filho da dela para que pudessem fazer seu trabalho. Ainda assim, a mulher teve a presença de espírito de pegar um caderno desgastado que me é muito familiar: um Leuchtturm1917 lilás. O elástico estava esticado até o canto inferior esquerdo, segurando uma caneta. Era um Bullet Journal.

Ela arrancou as últimas páginas do caderno e as entregou ao paramédico que fazia as perguntas. Balançava a cabeça e chorava: "Eu não... não...".

"Achei o pulso", anunciou outro paramédico, enquanto o homem que estava no comando olhava surpreso para os papéis. Fiquei ao lado da mãe e coloquei o braço sobre os ombros dela. Poderia muito bem ser meu filho ali no chão. Ou qualquer uma daquelas crianças.

A CARTA

A mãe disse o que havia no papel: "Os medicamentos e as dosagens que ele toma, o nome dos especialistas, o número da ficha de paciente, telefones, alergias". Ela respirou fundo. "Tem um registro de convulsões aí", ela completou. Apertei seus ombros para dar apoio; meu filho também tem convulsões. Ela disse a data de nascimento do filho dela quando o estabilizaram para o transporte.

O paramédico apenas balançou a cabeça e disse: "Obrigado. É exatamente isso que vai ajudar seu filho. Vou repassar as informações". Ele pegou o celular e recitou informações vitais para a pessoa do outro lado da linha. A mãe entrou na ambulância com o filho. Fiquei observando enquanto fechavam as portas e saíam às pressas, com as luzes e a sirene ligada.

Abracei meu filho com mais força aquela noite e depois me sentei e criei uma nova página em meu próprio caderno com informações de emergência, medicamentos e dosagens, registro de convulsões, telefones, número da ficha de paciente e uma lista de alergias. Acabei com uma caixa de lenços antes de ligar para o celular da mãe. "Ele está bem", ela disse. "O médico falou que as informações que os paramédicos enviaram com antecedência ajudaram a agir com rapidez. Ele vai ficar bem. Ele está bem", ela repetiu, com a voz falha e rouca, mas claramente grata.

O filho dela voltou para a escola e agora carrega um pequeno cilindro de oxigênio na mochila. Não gosta muito disso. Mas está vivo, feliz e inteiro, tudo o que um pai pode querer para um filho. Notei que os outros pais também andam com cadernos agora — com as informações necessárias para ajudar seus filhos, imagino.

O MÉTODO BULLET JOURNAL

Ninguém acha que seu filho será o próximo a entrar em uma ambulância, ou que sua mãe idosa vai sofrer uma queda, ou que depois de um acidente de carro alguém pode não conseguir se lembrar das informações necessárias para tratar um membro da família no hospital. Mas sejamos sinceros... todos conhecemos alguém que precisou disso. Todos passamos por acidentes na estrada. Todos tivemos aquele lapso momentâneo de memória quando nos perguntaram sobre os registros médicos de um filho. Anote tudo. Leve com você. Esteja preparado para cometer o pecado supremo de arrancar páginas de seu BuJo em uma emergência. Você pode salvar uma vida — a sua, a de seus filhos, a de sua irmã, a de seu pai... Organização pode significar a diferença entre a vida e a morte.

COMECE SEU BULLET JOURNAL

1. FAÇA O ÍNDICE*

- Numere as páginas (1-4)
- Coloque o título ("Índice")
- Acrescente apenas o que tiver conteúdo. Nada de coleções vazias!

ÍNDICE	ÍNDICE
Registro futuro: páginas 5-8 Jan: 9- Academia: 13-6	

2. FAÇA O REGISTRO FUTURO*

- Numere as páginas (5-8)
- Divida as páginas em 6 células
- Coloque um mês em cada uma
- Acrescente tarefas e eventos futuros
- Inclua no índice

REGISTRO FUTURO	REGISTRO FUTURO
Fev ———	Maio
Mar ———	Jun ———
Abr ———	Jul

3. FAÇA O REGISTRO MENSAL

- Numere as páginas (9-10)
- Coloque o mês atual como título
- Liste as datas e as tarefas do mês
- Acrescente "9-" ao índice

JANEIRO	JANEIRO
1S 2T 3Q 4Q 5S 6S 7D	• Doar roupas • Planejar viagem • Back-up site • Dentista • Creche

4. FAÇA O REGISTRO DIÁRIO

- Numere as páginas
- Coloque a data de hoje no título
- Anote as tarefas do dia
- Registros diários não entram no índice

01.01.SEG	02.01.TER
• Doar roupas • Promovido! x Back-up site — Jen chega amanhã • Creche	• Tim: ligar • Ioga: cancelar — Escritório fechado sexta • Festa Brit

*Já vem incluído no caderno oficial do Bullet Journal

USANDO SEU INVENTÁRIO MENTAL (OPCIONAL)

5. REVISE SEU INVENTÁRIO MENTAL

- Risque tudo o que não for vital ou importante
- Identifique conteúdo relacionado (como objetivos, projetos, listas de compras etc.) para criar coleções personalizadas.**

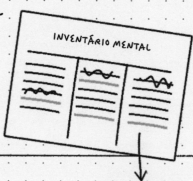

MIGRE O INVENTÁRIO MENTAL

- Mova itens futuros para o registro futuro
- Migre itens para o registro mensal
- Defina as prioridades do registro mensal
- Migre as prioridades para o registro diário
- Migre itens adicionais para coleções personalizadas**

Registro futuro

Registro mensal

COLEÇÕES PERSONALIZADAS

...das para guardar conteúdo relacionado, como ...etivos, projetos ou listas focadas. Inicie do ...mo jeito (com tópicos e paginação) e acrescente ...ndice.

Registro diário

...mplos incluem:

Objetivos

Compras

Remédios

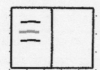
Lista de leitura

131

PARTE III

A PRÁTICA

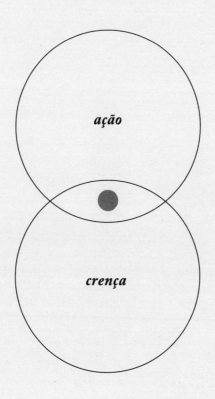

INTRODUÇÃO

*A vida é o que acontece enquanto você está ocupado
fazendo outros planos.*

ALLEN SAUNDERS

Agora você tem todas as ferramentas necessárias para utilizar seu Bullet Journal para se organizar. É um passo importante para assumir a responsabilidade pelo tempo e pela energia — reduzidos e preciosos — que temos. Dito isso, a organização pode ser uma forma de distração muito bem disfarçada.

Você pode passar horas criando listas de tarefas sem nunca concluir um único item. Pode desaparecer no buraco negro da limpeza da casa enquanto projetos mais importantes pagam o preço. Pode passar dias, meses, até mesmo anos trabalhando de maneira altamente organizada, porém nas coisas erradas (como fiz com minha start-up Paintapic). A importância do que estamos fazendo, ou de como estamos fazendo, não é nada em comparação ao porquê de estarmos fazendo tal coisa.

---

*Estar ocupado não significa
necessariamente ser produtivo.*

INTRODUÇÃO

Estar ocupado se assemelha à queda em uma escadaria existencial: estímulo, reação, estímulo, reação. Esse ciclo frenético de reação sequestra nossa atenção, limitando nossa capacidade de reconhecer oportunidades de relacionamento, crescimento e propósito. Essas são as coisas que acrescentam valor à nossa vida, mas elas são encobertas pela correria do cotidiano.

Para se tornar realmente produtivo, é preciso primeiro romper esse ciclo. Precisamos abrir um espaço entre as coisas que acontecem e a forma como reagimos a elas. Nesse espaço, temos a oportunidade de analisar nossa experiência. Aqui, podemos aprender o que podemos controlar, o que não tem importância, o que é digno de atenção e por quê. É assim que começamos a definir quem somos e em que acreditamos.

Percepções como essas são um passo importante, mas tudo o que aprendemos não passa de pensamentos. Assim como a maioria dos pensamentos, as percepções desaparecem com o tempo, sobretudo se permanecem em um nível abstrato e não exercem um papel ativo em nossa vida. Até as crenças mais fervorosas e as lições mais úteis podem se dissipar quando não são aplicadas ativamente. E se você pudesse pôr suas crenças em prática, testando ideias promissoras todos os dias e medindo o impacto que têm em sua vida, tão logo elas são mobilizadas?

Nesta parte do livro você vai descobrir como o método Bullet Journal pode servir de ponte entre suas crenças e suas ações. Cada capítulo vai explorar filosofias de tradições variadas e ensinar a colocá-las em prática com a ajuda de seu caderno. Passo a passo, vamos diminuir a distância entre o que fazemos e o motivo que nos move, indicando como levar uma vida tanto produtiva quanto significativa — e com propósito.

CONCEITOS-CHAVE

O tempo não pode ser criado, apenas usado.

A felicidade é o subproduto do significado.
Para ser feliz, você precisa descobrir o que é
importante. E isso pode ser feito quando você
reserva o tempo necessário para...

Cultivar sua curiosidade estabelecendo objetivos.
Conquistamos nossos objetivos quando os dividimos
em partes menores porque...

**As perguntas e soluções pequenas levam a grandes
mudanças com o tempo.**
A produtividade é um aprimoramento duradouro.
Para atingi-lo, você tem que...

**Olhar para dentro de si e desvendar o caminho
por vir.**
Delimite alguns momentos para refletir sobre o
conteúdo de seu caderno. Priorize o que importa;
desconsidere o que não importa.

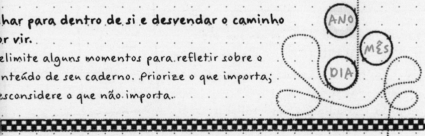

Quem nunca começa está fadado ao fracasso.
Se você tentar e falhar, vai falhar uma vez. Mas se
fizer concessões e falhar, vai falhar duplamente,
porque sabe que não tentou. Portanto, tudo o que
você precisa fazer é...

COMEÇAR!

137

CONCEITOS-CHAVE

Melhor > Perfeito

"O obstáculo é o caminho."

Ryan Holiday

A única coisa que você pode controlar é a maneira como reage.
Focar em coisas que não estão nas suas mãos faz com que você seja controlado por elas. Concentre-se naquilo que você pode controlar.

Para ser útil é preciso fazer-se útil — especialmente a si mesmo.
Você não será capaz de melhorar o mundo à sua volta se não for capaz de melhorar seu mundo interior. Escolha seus amigos com sabedoria e seja um bom amigo para si mesmo. Para começar esse processo...

Estude o que há de bom em sua vida.
Uma conquista se inutiliza quando não é valorizada. Se você não for capaz de apreciar toda a dedicação que teve, de que adianta trabalhar? É importante...

GRATIDÃO	GRATIDÃO
- Promoção	
- Bom jantar	
- Presente do Jamie	
- Consegui um trabalho	
- Arrumei a casa	
11	12

Descobrir o encanto que há nas coisas mundanas.
Quando você acredita no que está fazendo, a dor é transformada pelo propósito.

138

COMEÇANDO

*Muitos pintores têm medo da tela em branco, mas a
tela em branco tem medo do pintor ousado que quebra
o feitiço que diz "você não pode" de uma vez por todas.*

VINCENT VAN GOGH

Ousar é expor-se ao fracasso. A maioria de nós não admite fracassar, então evitamos correr riscos. Nós nos acomodamos e encontramos algum consolo achando que eliminamos a possibilidade de erro ao sentar no banco do passageiro e colocar o cinto de segurança enquanto a vida assume o volante.

A verdade é que não há como evitar o fracasso. Embora fracassar nunca seja bom, uma vida acomodada pode ser duas vezes pior. Digamos que você não tenha aceitado aquela vaga interessante no exterior porque era mais fácil ficar onde estava. Então, do nada, você perde esse seu emprego confortável. Agora precisa lidar com a perda de dois trabalhos — um dos quais poderia ter sido uma experiência transformadora. Você não tem como, mas é provável que nunca deixe de se perguntar como teria sido.

Não deixe o medo desbotar sua vida. Heather Caliri, por exemplo, sofreu com a ansiedade de desempenho desde a infância. Isso roubou sua alegria e sua coragem de experimentar coisas novas, de correr riscos e de desfrutar do que mais amava.

COMEÇANDO

Depois dos filhos, ela passou a ter cada vez menos tempo de se permitir o simples prazer de sentar para ler. Heather então notou que a ansiedade havia se infiltrado em seus hábitos de leitura. Tinha a sensação de que não lia o quanto desejava, que não se dedicava a isso como gostaria e que errava na escolha dos livros. Quanto mais isso a atormentava, mais difícil ficava reservar hora para a leitura.

Então Heather começou a utilizar o nosso método e se surpreendeu com a enorme motivação que sentia ao fazer um "X" nos bullets e com o prazer que representar criativamente sua vida cotidiana em um caderno lhe proporcionava. Mas ela ainda hesitava em fazer um monitoramento de leitura. "Só vai me deixar mais ansiosa e ciente de que não estou lendo o bastante", pensou. Quando finalmente criou a coleção "Livros a ler", ficou chocada ao descobrir o oposto: ela já lia muito. A questão não era falta de motivação; era que, com medo de falhar, ela havia parado de tentar.

Heather criou o hábito de se dar mais crédito por seus esforços. Quanto mais lia, mais se sentia à vontade consigo mesma. Voltou a sentir alegria, empolgação e avidez pelos livros após tantos anos de ausência. Seu Bullet Journal a ajudou a sistematizar a leitura para superar as barreiras que havia construído. Quando nos damos a oportunidade de ser recompensados por nossa coragem, coisas poderosas acontecem.

Nunca existiu e nunca vai existir alguém como você. Sua perspectiva singular pode tapar qualquer buraquinho no vasto e surrado tecido da humanidade. Só a individualidade, no entanto, não torna alguém valioso. Se não *agir*, se não *ousar*, você vai perder uma oportunidade de contribuir — para o mundo e para si — com algo significativo. Como o cineasta francês Robert Bresson disse: "Torne visível aquilo que, sem você, talvez jamais fosse visto".[21] Se não tentar

O MÉTODO BULLET JOURNAL

fazer alguma coisa, essa coisa certamente nunca existirá. Pelo menos não na *sua* versão. É claro que nem todos os esforços serão bem-sucedidos, mas até mesmo nossos chamados "fracassos" podem servir como lições valiosas.

Devemos nos responsabilizar por nosso crescimento. Nós crescemos ao aprender, e nós aprendemos quando ousamos agir. Sempre haverá risco, porque não podemos controlar o resultado. Mas assim é a vida. O que se pode evitar, no entanto, é ser perpetuamente assombrado por todas as coisas que poderiam ter acontecido caso tivéssemos arriscado. Comece se permitindo acreditar que você vale o risco.

NA PRÁTICA

Às vezes, a parte mais difícil é saber por onde começar. Talvez você simplesmente não saiba como começar a abordar seus objetivos, seus projetos, suas tarefas, ou mesmo como se organizar. Talvez tenha medo de fazer errado ou de se decepcionar. Se for o caso, um jeito fácil de começar é criar o hábito de passar seus pensamentos para o papel.

Comece fazendo anotações sobre este livro em seu Bullet Journal. Vamos tratar de muitas ideias diferentes nesta parte. Espero que o material possa inspirar novos pensamentos ou fornecer informações úteis para você. Não deixe que escapem. Anote.

Crie uma coleção "O método Bullet Journal" em seu caderno. À medida que for lendo, anote qualquer coisa que lhe vier à mente utilizando os marcadores que você já aprendeu na parte II. Continue registrando seus pensamentos enquanto lê os capítulos e logo você internalizará o sistema. Então descubra suas necessidades. Talvez

COMEÇANDO

você já queira acrescentar o índice, para poder encontrar suas notas quando precisar refrescar a memória.

Os pensamentos são a fonte de nossos objetivos, esperanças, sonhos e, por fim, de nossas ações. Um jeito fácil de começar é simplesmente tirar os pensamentos da cabeça e organizá-los no papel. Fazendo isso, você já cruzou a linha de partida e percebeu que se trata apenas de mais um momento. A única diferença é que, dessa vez, quem está no volante é você.

REFLEXÃO

Conhece-te a ti mesmo.

Sócrates

O que te levou a abrir este livro? Que série de acontecimentos o trouxe até aqui? Você estava apenas passando os olhos pela estante? Está lendo o livro porque o ganhou e não quer magoar a pessoa que te presenteou? (Se for o caso, obrigado por ter lido até aqui!) Ou você espera encontrar nele algo que está lhe faltando? Se for o caso, como definiria essa parte que falta? Como afetou sua vida? É provável que essas perguntas tenham mexido com alguma coisa dentro de você. Isso prova que, independentemente da aparente simplicidade de um ato, ele carrega o legado de inúmeras escolhas passadas.

Uma de minhas esculturas favoritas é *O pensador*, de Auguste Rodin. É aquela de um homem nu sentado sobre um bloco, com a cabeça apoiada na mão. Como muitas obras de Rodin, ela parece inacabada. Algumas superfícies são ásperas; outras, desprovidas de detalhes. A visibilidade desses milhões de escolhas diminutas transmite o imediatismo e a humanidade de sua obra — é como se pudéssemos ver o artista pensando.

REFLEXÃO

Nossa vida parece um bloco de mármore. Ela é finita. Começa áspera e sem forma. Cada escolha que fazemos a esculpe. Cada ação tira lascas irreversíveis do tempo. Nenhuma ação é tão insignificante que não possa se beneficiar de nossa atenção. A falta dela com frequência é responsável pelo entulho de decisões vergonhosas que pesam sobre nossa consciência.

Tomar decisões ruins, não importa quão inteligente ou sábio você seja, é algo intrínseco ao ser humano. A vida é um veículo incontrolável. Ela escapa, quebra, muda, arrebenta. Às vezes nos encontramos do outro lado do cinzel. Somos imperfeitos. A parte boa é que, enquanto você estiver vivo, sempre terá material com que trabalhar. Como em *O pensador*, sua vida não precisa ser grande, refinada ou perfeita para ser bela. Mas podemos sempre fazer melhor.

Muitas decisões ruins nascem no vácuo do autoconhecimento. Nós nos atemos tanto ao fazer propriamente dito que nos esquecemos do motivo pelo qual fazemos algo. Perguntar o *porquê* é o primeiro passo — pequeno e intencional — na busca por significado.

Essa busca geralmente se inicia mais tarde do que seria necessário. Por parecer monumental ou esotérico, tendemos a evitar esse tipo de questionamento até que algum tipo de crise ou circunstância nos obrigue. Explorar nosso porquê a partir desses lugares obscuros nos põe em desvantagem. Nesses casos, nossa capacidade de enxergar e pensar com clareza fica encoberta pelo sofrimento. A autoanálise não precisa ficar confinada aos momentos obscuros da vida. Ela pode ser uma parte agradável do cotidiano. Tudo começa com a consciência de como você está investindo seu tempo e sua energia — aquilo que o Bullet Journal registra de maneira confiável para consultas futuras.

Você pode estar pensando: analisar minha lista de tarefas não vai

O MÉTODO BULLET JOURNAL

responder às grandes questões da vida. Talvez. Ou quem sabe só não estejamos treinados na arte de fazer esse tipo de pergunta. Para entender os grandes e intimidadores porquês (Qual é o sentido da vida? Por que estamos aqui?), devemos começar com os pequenos. Por que estou trabalhando nesse projeto? Por que meu parceiro está me irritando? Por que estou me sentindo estressado? No Bullet Journal, fazemos isso por meio da prática da reflexão.

A reflexão é o berço do propósito. Ela nos fornece o ambiente mental protegido de que precisamos para resgatar a perspectiva necessária e começar a perguntar por quê. Assim, cultivamos o hábito de entrar em contato com nós mesmos, examinar nosso progresso, nossas responsabilidades, nossas situações e nosso estado mental. A reflexão nos ajuda a ver se estamos resolvendo os problemas certos, respondendo às perguntas certas. É ao questionar nossa experiência que começamos a separar o joio do trigo — o "porquê" do "o quê".

Não se preocupe, a reflexão não é um convite para se autoflagelar pelos erros do passado. É uma oportunidade de colher a riqueza de informações embutidas em sua experiência de vida e utilizá-la para fertilizar seu futuro.

A reflexão ajuda a identificar o que te alimenta,
para que você possa tomar decisões melhores quando
for semear a próxima estação da sua vida.

A vida é dividida em períodos de fartura, de escassez, de triunfo, de perda. Sempre há necessidade de mudança. Vivemos, aprendemos e nos adaptamos. O mesmo deve acontecer com nossa definição de significado. As coisas que crescem em uma estação apodrecem em

REFLEXÃO

outra. Se nos apegarmos cegamente ao que já foi, seremos obrigados a viver de crenças ultrapassadas. Não admira que frequentemente nos sintamos insatisfeitos, vazios, ávidos por algo substancial.

Para ter uma vida plena, temos que aceitar a natureza mutante de nossa experiência, tornando a busca por significado uma prática permanente. É por isso que o método Bullet Journal integra múltiplos mecanismos de reflexão. É assim que ele passa de um sistema a uma prática, nos ajudando a eliminar continuamente o que é desnecessário — para revelar o que é significativo.

NA PRÁTICA

Talvez você esteja pensando: Ryder, quero ser uma pessoa mais reflexiva, mas não tenho tempo. Preciso de condições favoráveis para ter pensamentos profundos. Meus pensamentos são tão desordenados quanto eu.

É aí que entra o Bullet Journal. Mantendo diferentes tipos de registros, você não apenas está organizando suas responsabilidades como documentando seus pensamentos e ações. É uma forma passiva de reflexão, o que significa que parte do trabalho já está feito! Você só precisa realizar a transição, em seu próprio ritmo, da reflexão passiva para a ativa.

Reflexão diária

No decorrer do dia, você usa seu registro diário (p. 98) para anotar seus pensamentos. Agora é apenas uma questão de voltar a eles. É

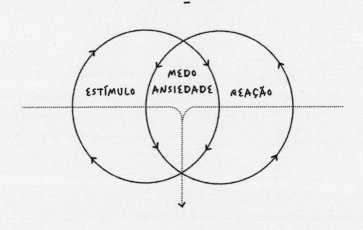

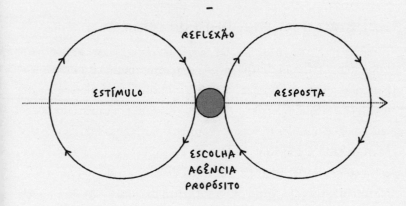

REFLEXÃO

para isso que servem as reflexões diurna e noturna: são dois momentos do dia dedicados à introspecção ativa.

Reflexão diurna: momento de planejar

De manhã cedo, ou antes de começar seu dia para valer, tire alguns instantes para sentar na companhia do seu Bullet Journal. Se você é uma dessas pessoas que acorda com a cabeça borbulhando de pensamentos, é hora de aliviar a pressão. Descarregue tudo o que tenha surgido durante a noite. Limpe a mente para abrir espaço para o dia que começa. Para quem mais parece um zumbi pela manhã, a reflexão diurna ajuda a pegar no tranco.

Em seguida, revise todas as páginas do mês corrente para relembrar qualquer tarefa pendente. Isso ajuda a focar, esclarecer suas prioridades e planejar direito. Você vai iniciar o dia com confiança, objetividade e rumo.

Reflexão noturna: hora de revisar

Enquanto a reflexão diurna favorece o planejamento e a preparação para o que vem pela frente, a reflexão noturna está mais voltada à revisão, para ajudar a relaxar. Antes de descansar a cabeça no travesseiro, pegue o Bullet Journal e examine o que anotou durante o dia. Marque tarefas concluídas com um "X". Se estiver faltando alguma coisa, anote. Mais uma vez, você está descarregando sua mente.

Assim que seu caderno estiver atualizado, preste atenção em cada item. É aqui que você deve começar a perguntar: Por que isso é im-

O MÉTODO BULLET JOURNAL

portante? Por que estou fazendo isso? Por que isso é prioridade? E assim por diante. Isso vai ajudar a identificar as distrações. Risque as tarefas que considerar irrelevantes.

Por fim, tire um tempo para apreciar seu progresso. Reconheça as formas simples como venceu mais um dia. A reflexão noturna pode ser uma maneira maravilhosa de aliviar a pressão e a ansiedade por meio de uma sensação de progresso, prontidão e propósito.

DICA: Você pode usar as reflexões diurna e noturna como momento de desintoxicação digital. Depois da noturna, implemente uma política "sem telas", que durará até o fim da próxima diurna. É uma forma simples de criar o hábito de se desconectar.

Reflexões mensal e anual com migração

A tecnologia está sempre nos levando na direção de uma existência sem interrupções. Quanto menos atrito, melhor. Isso é ótimo quando se está pedindo pizza; você não precisa compreender a milagrosa tecnologia que permite que essa delícia coberta com queijo apareça em sua porta num piscar de olhos. A conveniência, no entanto, geralmente vem às custas do entendimento. Quanto menos tempo você passa analisando coisas, menos sabe sobre elas. Quando se trata de compreender como leva sua vida, é importante desacelerar e não ter pressa.

A migração (p. 119) foi pensada para criar o atrito necessário para desacelerar, dar uma passo para trás e refletir sobre as coisas com que está ocupando seu tempo. A priori, é um mecanismo automático de filtragem, criado para potencializar sua paciência limitada. Se algo

REFLEXÃO

não vale os poucos segundos que se leva para reescrevê-lo, é provável que não seja mesmo importante. Além disso, escrever à mão (p. 58) aciona nosso pensamento crítico, ajudando a criar novas conexões entre os pensamentos. Conforme você migra cada item, dá a si mesmo uma chance de identificar relações não convencionais ou oportunidades enquanto o observa com atenção.

Cada "sim" que dizemos a uma coisa representa um "não" que dizemos a outra. A migração lhe dá a oportunidade de voltar a se comprometer com o que importa e abandonar o que é irrelevante. Como disse Bruce Lee: "Não é o acréscimo diário que importa, mas o decréscimo diário; livre-se do que não é essencial".

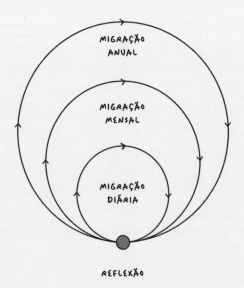

O MÉTODO BULLET JOURNAL

Consistência

É comum me perguntarem quanto tempo gasto com a reflexão diária. Em média, costumo dedicar de cinco a quinze minutos por sessão. Mas não importa quanto tempo leva, e sim sua consistência. Se você perceber que não está conseguindo fazer sua reflexão, reduza o tempo dedicado a ela. Utilize apenas o necessário para torná-la parte de sua rotina diária.

Tenha como objetivo criar o hábito de se conectar consigo mesmo, tentando descobrir os pequenos porquês. Com o tempo, você começa a responder a essas perguntas com mais facilidade. Acaba refinando suas crenças, seus valores, sua capacidade de identificar fraquezas e forças. Devagar, mas com determinação, começa a eliminar as distrações, ficando cada vez mais presente e consciente.

Consciência

Em seu famoso discurso "Isto é água", por ocasião da cerimônia de graduação do Kenyon College, o escritor David Foster Wallace fala sobre o dia a dia e sobre como "o chamado 'mundo real' não vai desencorajá-lo a operar em suas configurações-padrão, porque o chamado 'mundo real' de homens, dinheiro e poder discorre muito bem sobre o combustível do medo, desdém, frustração, avidez e idolatria do eu".[22]

Ele está falando que, se não tomarmos cuidado, podemos entrar no piloto automático, o que pode reduzir muito nossa vivência de mundo. Durante a reflexão, criamos o hábito de desligar o piloto automático para examinar nossas experiências. Essa forma de consulta requer que façamos perguntas e não consideremos as coisas apenas pela aparência. Ela nos ensina a pensar em nós mesmos e no mundo de um modo mais ponderado.

Ao abordar consistentemente nossa experiência, tomamos conhecimento de que até mesmo o momento mais tolo pode esconder algo profundo. Ao cultivar a consciência, "estará realmente em seu poder vivenciar uma situação infernal, como fazer compras em um lugar lotado, quente e com pessoas lentas, e considerá-la não apenas significativa, mas sagrada, energizada pela mesma força que iluminou as estrelas — compaixão, amor, a unidade subterrânea de todas as coisas".[23]

Resumo

Quando você vai ao oftalmologista, ele pede que leia as letras utilizando um grande aparelho de metal cheio de lentes chamado "refrator". Enquanto você lê, o médico vai mudando as lentes, sempre perguntando qual delas deixa a imagem mais nítida. Está melhor agora? Clique. Ou agora? Clique. O objetivo é encontrar um conjunto de lentes que altere o modo como a luz atinge nossa retina para garantir maior nitidez.

Quando se trata de viver com mais propósito, a reflexão funciona como um refrator. Ela é o mecanismo que ajuda a melhorar nossa visão. Mas, para que funcione de maneira adequada, precisamos de lentes. É provável que você já tenha algumas, como seus valores e crenças. A reflexão, no entanto, é uma prática rica e ancestral. Cada tradição oferece suas próprias lentes, por meio das quais podemos corrigir nossa miopia e aguçar nossa percepção. Nos próximos capítulos, vou apresentar as lentes que considero mais úteis para nossa reflexão. Elas foram especialmente projetadas para nos ajudar a apurar o foco sobre nossa vida.

SIGNIFICADO

Olhos veem apenas luz, ouvidos escutam apenas som,
mas um coração atento entende significado.

David Steindl-Rast

Meu episódio preferido de *Além da Imaginação* se chama "Um bom lugar para visitar". Conta a história do sr. Valentine, um ladrão morto a tiros pela polícia durante um roubo. Ele é conduzido ao além-vida por um britânico afável que veste um elegante terno branco. Para sua surpresa, Valentine é levado a uma opulenta cobertura em Nova York, com guarda-roupas repletos de ternos sob medida e um bar cheio das melhores bebidas. Ele desfila pela cidade em carros de luxo e ganha todos os jogos nos cassinos, sempre cercado por mulheres da alta sociedade, apaixonadas por ele. Dinheiro, poder, sex appeal — tudo o que Valentine sempre quis está finalmente ao seu alcance.

Com o tempo, no entanto, o ar de novidade vai desaparecendo. A alegria se transforma em tédio. Aquela existência perfeita e desejada se revela insatisfatória. Valentine se vira para seu guia e diz: "Acho que o Paraíso não é para mim. Meu lugar deve ser *aquele outro*". Ao que seu guia responde, ironicamente: "O que faz você pensar que aqui é o Paraíso?".

SIGNIFICADO

Com frequência, o sucesso é surpreendentemente vazio. Isso vale não só quando se trata de dinheiro, mas também do tipo de aperfeiçoamento pessoal que sempre imaginamos ser saudável e bom. No artigo "How I'm Overcoming My Obsession with Constant Self--Improvement", Leo Babauta, criador do blog Zen Habits, conta como correu uma ultramaratona, participou do Desafio Goruck (um percurso de obstáculos de dez horas em que se deve usar uma mochila cheia de tijolos) e aprendeu programação, mas depois concluiu que sua vida não estava melhor do que antes. "A fantasia nunca foi real", escreve.[24] E ele não está sozinho nessa constatação.

O mundo está mais esclarecido, bem alimentado, vacinado e tecnologicamente avançado do que nunca. Uma avidez insaciável, no entanto, estimula os millennials a gastar quase o dobro por mês em aperfeiçoamento pessoal do que a geração dos baby boomers (apesar de ganharem cerca de metade).[25] O que levanta outra questão: como relacionamos essa tendência às taxas cada vez maiores de depressão? O número de jovens norte-americanos que sofrem de depressão profunda subiu de 5,9% em 2012 para 8,2% em 2015.[26] Só nos Estados Unidos, transtornos de ansiedade afetam 40 milhões de adultos, o que equivale a 18,1% da população.[27]

Você deve estar pensando que ficar em forma e estudar à noite são objetivos totalmente válidos. Talvez, mas o impacto do que você faz depende do *motivo* que o orienta. A chave é compreender a motivação subjacente a seu empenho.

Nossos esforços são sempre movidos por alguma promessa. O que, exatamente, você espera em troca de sangue, suor e lágrimas? Qual é o objetivo por trás de todos os objetivos? Para a maior parte de todos nós, é ser feliz, e é aí que reside o problema.

Pense no último objetivo que conquistou. Você se esforçou muito,

O MÉTODO BULLET JOURNAL

atraído pela promessa de uma vida mais feliz. Quando finalmente cruzou a linha de chegada, o que encontrou? Aquele aumento, aquela casa nova, aquele carro, aquelas férias, fizeram com que se sentisse como esperava? É provável que a resposta seja *não* — ou, pelo menos, não por muito tempo. Por que isso acontece?

Podemos começar a desvendar esse enigma aceitando uma verdade simples: ninguém é capaz de saber o que vai fazê-lo feliz. Na verdade, somos bem ruins em adivinhar como vamos nos sentir diante das coisas, graças a um fenômeno conhecido como "viés de impacto", ou seja, "a tendência que as pessoas têm a superestimar a duração ou a intensidade de reações emocionais futuras".[28] Em essência, subestimamos cronicamente nossa capacidade de adaptação.

Ao correr na direção de nossos objetivos, aprendemos coisas novas e as circunstâncias mudam. Quando cruzamos a linha de chegada, já somos outra pessoa. O máximo que conseguimos fazer é imaginar. Então apostamos às cegas, perdemos dinheiro, tempo e sanidade na busca pela felicidade. E quanto mais tentamos ser felizes, mais fugaz a felicidade parece ser. Como ironizou o comediante Tim Minchin: "A felicidade é como um orgasmo: se você ficar pensando muito a respeito, ela vai embora".[29]

Falando nisso, o prazer como motivação interna é outro fator crítico na compreensão da natureza fugidia da felicidade. Somos muito bem equipados para nos adaptar ao calor, ao frio e às adversidades, e isso se deve, em parte, à nossa capacidade de sentir prazer. Ele nos permite diferenciar rapidamente o bom do ruim, o nocivo do benéfico. Gostamos daquilo que faz com que nos sintamos bem, e procuramos sempre vivenciar mais coisas boas — como abrigo, sustento, água.

SIGNIFICADO

Nos difíceis tempos de outrora — quando passávamos a maior parte do nosso tempo, por assim dizer, tentando escapar da morte —, o prazer era limitado e prático. Hoje é uma mercadoria, vendida como substituta da felicidade, disponível até por encomenda.

Graças à nossa capacidade de adaptação, mesmo a experiência ou compra mais prazerosa se torna algo normal e tedioso. Logo estamos sedentos por outra dose rápida. Não nos satisfazemos mais com o que já temos e tratamos a abstinência aumentando em muito a dosagem. Mais sapatos, mais bebida, mais sexo, mais comida, mais "curtidas", simplesmente mais. Esse fenômeno é conhecido como "adaptação hedônica".

Explorar o que Sean Parker, membro fundador do Facebook, chamou de "vulnerabilidade na psicologia humana" é um componente vital da nossa economia.[30] Repare em como muitas propagandas se concentram não no que é "bom", mas no que é "mais": mais bonito, mais rápido, mais fresco, mais forte, mais leve. "Bom" é suficiente, mas "mais" é uma promessa de felicidade que está a um pagamento de distância.

O que pode ser comprado pode ser possuído. Esse é o contrato social. Você compra sapatos numa loja de sapatos, roupas numa loja de roupas, carros numa loja de carros, e por aí vai. Note que não há uma loja de felicidade. Não porque ela não possa ser comprada, mas porque não pode ser possuída.

A felicidade, assim como a tristeza, vai e vem. É uma emoção. E, como todas as emoções, é temporária — ainda bem. Imagine um mundo em que as emoções são fixas, nos obrigando a entreter nossos demônios por tempo indeterminado. Ou o Paraíso/Inferno do sr. Valentine, onde as coisas são tão perfeitas, tão sem contraste,

O MÉTODO BULLET JOURNAL

que, em essência, parecem não ter sentido. Isso acabaria por nos envenenar. Na verdade, muitas vezes definimos como transtornos mentais a incapacidade de transitar por estados emocionais. Vendo por esse lado, procurar um estado mítico de felicidade perpétua não apenas vai contra a realidade, mas parece indesejável.

Então quer dizer que todos os nossos objetivos, todos os nossos esforços, são, no fundo, inúteis? Nem um pouco. Só que a felicidade em si não pode ser o objetivo. Não há dúvida: ela é importante. Então a pergunta é: como a atraímos para nossa vida?

Quando procuramos essa palavra no dicionário, encontramos muitos sinônimos. Eles demonstram como a experiência pode ser complexa e cheia de nuances, mas nenhum indica um caminho para que sejamos felizes. Isso está no domínio da filosofia. A doutrina filosófica que trata do assunto é o eudemonismo, "uma filosofia moral que define como certa uma ação que leve ao 'bem-estar' do indivíduo".[31] Essa ideia de bem-estar e satisfação como um simples subproduto do empenho pessoal é um tema recorrente em uma série de tradições filosóficas do mundo. Em outras palavras, felicidade é o resultado de nossas ações dirigidas a outras coisas.

Se felicidade é o resultado de nossas ações,
precisamos parar de nos perguntar como **ser felizes**.
Em vez disso, devíamos nos perguntar como **ser**.

O povo de Okinawa, no Japão, por exemplo, está entre os mais felizes e longevos do mundo, com as taxas mais altas de centenários — aproximadamente cinquenta a cada 100 mil habitantes.[32] Quando perguntaram a eles sobre o segredo de sua felicidade, uma resposta

SIGNIFICADO

muito comum era "*ikigai*". "Seu *ikigai* consiste na união daquilo que você faz bem com aquilo que ama fazer", diz o autor Héctor García. "Assim como desde o início dos tempos muitos homens desejam objetos e dinheiro, a outros a busca contínua por dinheiro e fama pareceu insatisfatória, de modo que se concentraram em algo maior que a riqueza material. No decorrer dos anos, isso foi descrito em muitas palavras e por muitas práticas diferentes, mas sempre ecoando a ideia central do propósito na vida."[33]

Talvez tenhamos entendido errado. Parece que, na busca pela felicidade, estamos tirando o foco do que poderia ter significado. Mas é aí que a felicidade tem maior probabilidade de surgir. Como afirmou Viktor Frankl: "A felicidade não pode ser perseguida, ela apenas acontece".[34]

Então a pergunta passa a ser: o que é significativo? Muitos de nós não têm certeza, e tudo bem. Trata-se de um problema extremamente complicado, que vem causando dores de cabeça desde que começamos a usá-la. Definições acadêmicas são imprecisas devido à necessidade de englobar as muitas visões do que é significativo. Sabemos por experiência própria como nossa definição subjetiva muda com o tempo. Você aprecia as mesmas coisas que apreciava aos doze anos de idade? Provavelmente não. O que está claro é que não existe um único sentido na vida; existem vários.

Seja trabalho, fé, família ou caridade, as pessoas ficam felizes em indicar uma série de caminhos que levam a esse significado. Todos eles são válidos, mas isso não quer dizer necessariamente que você vai achá-los satisfatórios. Conheci muitos voluntários, assistentes sociais, professores, médicos e até pais desiludidos. Eles sabem que o que estão fazendo é significativo do ponto de vista objetivo, mas não sentem isso.

O que sentimentos têm a ver com significado? Pode-se dizer que... tudo. Não há como intelectualizar o que reverbera dentro de você, por isso é tão difícil definir. Quando algo se revela, você sente. Os gregos tinham um termo para isso — *phainesthai* —, que é traduzido como "mostrar-se", "aquilo que se revela", "reluzir" e "aparecer".[35]

Seus sentidos vão testemunhar o que "reluz", o que guarda a promessa de significado.

Se levamos uma vida passiva, sem perseguir aquilo que reluz, permanecemos no escuro, sem conhecer nosso lugar no mundo. Nesse estado, nossos esforços, independente de quão bem-intencionados ou nobres sejam, quase sempre parecerão desprovidos de sentido justamente porque não estarão servindo a nenhum propósito. Tentamos em vão preencher esse vazio com coisas, o que apenas joga mais peso sobre nós. Daí a importância de procurar o que reluz para você.

Mas como descobrir o que "reluz"? Se todos temos um mecanismo interno que nos faz enxergar, temos também um que nos faz perceber as coisas radiantes que reverberam em nosso âmago: a curiosidade.

A curiosidade é aquele estímulo eletrizante que sentimos na presença da possibilidade. Ela acende nossa imaginação e nossa capacidade de admiração, tirando-nos de nós mesmos e nos colocando no mundo. Trata-se de um magnetismo que muitas vezes suplanta a razão, a cobiça, o ganho pessoal e até mesmo a felicidade. Você já vivenciou isso de alguma forma, seja atração por uma pessoa,

SIGNIFICADO

fascinação por um assunto ou empolgação de trabalhar com algo de que gosta. Sua curiosidade também pode ser atiçada por coisas que ainda não vivenciou — constituir uma família, abrir uma empresa, gravar um disco ou se voltar a um problema específico do mundo, por exemplo. De qualquer forma, essas são as coisas que seu coração identificou como potencialmente significativas. A questão é: Alguma vez você reservou um momento para definir que coisas são essas?

Vamos recuar um pouco. Antes de entrar naquela academia, se matricular naquele curso, comprar aquela TV ou mesmo estabelecer seus objetivos, é útil ter um raciocínio básico do plano mais geral para conduzir suas ações. É preciso ter tempo para articular sua visão do que seria uma existência com significado baseada em sua vivência. Se não se orientar dessa forma, você pode se perder em um limbo de fantasias vazias. Então primeiro vamos descobrir que tipo de vida você quer levar, fazendo os exercícios a seguir.

NA PRÁTICA

UM CONTO SOBRE DUAS VIDAS

Este exercício foi inspirado no poema "O caminho não percorrido", de Robert Frost. Imagine que você é um viajante que chega a uma bifurcação na estrada. De um lado, está o caminho mais gasto. Do outro, o caminho menos trilhado.

1) O CAMINHO MAIS GASTO

Esse caminho te leva na direção do que lhe é familiar. É uma continuação de sua vida atual. Você segue com as atividades que lhe são

O MÉTODO BULLET JOURNAL

confortáveis, sem tentar mudar aquilo em que não é tão bom ou se esforçar para se aprimorar. No fim dessa vida, o que vai ter conquistado nos âmbitos pessoal e profissional? Quais serão as consequências dela?

2) O CAMINHO MENOS TRILHADO

Esse caminho leva você ao desconhecido, a uma vida que favorece o risco acima do conforto. Você arrisca ir atrás das coisas que são de seu interesse e trabalha ativamente para se aprimorar. No fim dessa vida, o que vai ter conquistado nos âmbitos pessoal e profissional? Qual são as consequências dela?

Agora (tenha paciência) reserve quinze minutos ou mais para escrever seu obituário tendo em vista a escolha de cada um dos caminhos. Crie uma coleção "Duas vidas" e a acrescente ao índice. Comece com uma página dupla para cada caminho. Escreva sobre o segundo caminho apenas quando tiver acabado de escrever sobre o primeiro. Preencha quantas páginas forem necessárias. Vá fundo. Seja sincero. Só você vai ler o que escreveu. O que vê quando olha mais atentamente para cada caminho?

1. Leia os dois obituários. Na página seguinte do caderno, escreva uma carta para si mesmo. Que percepções, emoções, questões — positivas ou negativas — surgiram durante o exercício? O que te surpreendeu? O que te entristeceu ou assustou? O que te deixou animado? A ideia é registrar como você se sente ao ver sua vida inteira passar diante dos olhos. Formule o que mudou de modo que sirva de lembrete a seu eu futuro, que lerá isso mais tarde. Porque algo certamente

SIGNIFICADO

mudará. Lembre-se do que estava tentando fugir e de para onde queria ir.

2. Selecione a vida que mais lhe agradou e identifique e circule as conquistas de que mais se orgulha. Assim que terminar, migre (p. 119) esses itens para a coleção "Objetivos" (p. 163).

OBJETIVOS

Não podemos fazer grandes coisas, apenas pequenas
coisas com grande amor.

MADRE TERESA

Abússola da curiosidade aponta seu ponteiro na direção do magnetismo otimista da possibilidade e do significado. É a força que nos estimula a sair da zona de conforto e pisar em um território desconhecido repleto de riscos e incertezas. A questão passa a ser: Qual é a melhor forma de canalizar nossa curiosidade e ao mesmo tempo reduzir o risco de fracasso? Estabelecendo objetivos. Quando dotados de propósito, eles podem fornecer estrutura, direção, foco e sentido.

Objetivos nos dão a oportunidade
de definir o que queremos.

Quando não têm propósito, os objetivos podem ser reações automáticas a algo desagradável ou doloroso em nossa vida. Se você estiver se sentindo acima do peso, por exemplo, correr uma maratona daqui a poucos meses é um objetivo reativo — e provavelmente

OBJETIVOS

contraproducente. Suas chances de atingi-lo são pequenas, mas as chances de se decepcionar são grandes. Quando se estabelece objetivos reativos, é provável que você vá parar exatamente onde começou. O risco é alto e a recompensa é pouca.

Apropriar-se de objetivos alheios é outra armadilha comum. Ganhar 1 milhão de dólares, por exemplo, é o tipo de objetivo que se vê muito por aí, embora não seja significativo. E por que não? Porque não serve a nenhum propósito, não passa de caloria vazia. Seu objetivo precisa ter substância real para ser duradouro. Você tem que entender *por que* necessita de 1 milhão de dólares.

Seus objetivos precisam ser inspirados por sua experiência. Certamente você tem fontes de paixão real na vida — seja o ímpeto positivo do que lhe traz alegria, sejam as lições memoráveis aprendidas na marra. Coloque-as em ação! Ambas são fontes poderosas de objetivos significativos.

Com isso em mente, vamos tentar estabelecer aquele grande objetivo financeiro: "Quero ganhar dinheiro suficiente para quitar o empréstimo estudantil, comprar uma casa com dois quartos para meus pais morarem quando se aposentarem e garantir a educação dos meus filhos".

Esse objetivo, em contraste — embora ainda seja ambicioso —, tem parâmetros significativos. Você sabe exatamente como vai melhorar sua vida. Isso é imprescindível, porque grandes objetivos demandam tempo e esforço constante para serem conquistados. De todos os adversários que você vai enfrentar pelo caminho, a persistência demonstra ser quase sempre o mais astuto e letal. Grandes objetivos, portanto, devem ser estimulados por uma necessidade autêntica que vai ajudar você durante os dias, meses ou até mesmo anos que levar para conquistá-los. Essa necessidade precisa ser forte o bastante para fortalecer você diante das distrações, desculpas e dúvidas que vão surgir no caminho. Existem poucas coisas tão motivadoras quanto um propósito derivado de sua experiência. Você é movido por uma crença própria. Angela Lee Duckworth, em seu discurso *Grit*, descobriu que "perseverança e paixão por objetivos no longo prazo" prenunciam o sucesso "melhor do que qualquer outro indicador".[36]

Para alguns de nós, perseverança e paixão evocam imagens de atletas obstinados marcando o ponto da vitória de um jogo ou finalizando um salto com os membros fraturados; gênios excêntricos sacrificando tudo pela arte enquanto tremem de frio em sótãos gelados; monges que passam décadas meditando em silêncio. Mas paixão e perseverança, como tudo que é de natureza emocional, fazem parte de um espectro. Em um mundo onde vale o "tudo ou nada", tendemos a esquecer o poder que *um pouco* tem. A mais forte árvore brota de uma semente vulnerável. A semente da paixão é a curiosidade. A semente da perseverança é a paciência. Ao definir seus objetivos de maneira estratégica, você pode começar a cultivar suas oportunidades semeando paciência e curiosidade.

NA PRÁTICA

CRIE UMA COLEÇÃO "OBJETIVOS"

Nossas ambições sofrem por ser pouco mais que noções vagas ou devaneios abstratos girando em nossa cabeça. "Um dia, eu vou..." Vamos começar anotando nossas ideias no papel para poder transformá-las em objetivos passíveis de ação.

Quando estiver montando seu Bullet Journal, crie uma coleção

OBJETIVOS

chamada "Objetivos". Não importa se são grandes ou pequenos —
simplesmente anote-os ali, de modo que fiquem registrados. Com
isso, você já deu o primeiro e mais importante passo para sua realização.

Essa coleção serve como uma espécie de cardápio de objetivos
em potencial. Ela pode mantê-lo focado e motivado, mas até mesmo
o melhor dos menus é inútil se você não fizer o pedido. O passo
seguinte é se convencer a agir. Sem isso, é fácil acumular objetivos,
esperando o momento perfeito para começar. Ele nunca vai chegar.
Temos que criar nossas próprias oportunidades, porque a vida não
espera.

O EXERCÍCIO DO 5, 4, 3, 2, 1

Um ótimo jeito de se motivar é se dar conta de como seu tempo é
limitado. O exercício do 5, 4, 3, 2, 1 foi pensado para contextualizar seus objetivos em termos de tempo. Ele quantifica seus objetivos
ao dividi-los em curto, médio e longo prazo. Experimente fazê-lo se
está com dificuldades para abordar seus objetivos.

Abra na próxima página dupla em branco do seu Bullet Journal.
O tópico dessa coleção vai ser "5, 4, 3, 2, 1". Divida cada página
com cinco linhas horizontais. A da esquerda será para os objetivos
pessoais e a da direita, para os profissionais. A primeira célula será
ocupada pelos objetivos que você quer conquistar em cinco anos; a
segunda terá objetivos que gostaria de concluir em quatro meses; a
terceira, objetivos para completar em três semanas; a penúltima, objetivos que quer atingir em dois dias; a última, objetivos a serem
realizados na próxima hora.

Em seguida, volte para a coleção "Objetivos" e migre cada item
para as células apropriadas. Eles não precisam ocupar todo o tempo

5, 4, 3, 2, 1 — PESSOAL

5 ANOS

- Constituir uma família
- Comprar um imóvel
* Aprender outro idioma

OBJETIVOS NO LONGO PRAZO

4 MESES

* Viajar para o Havaí
- Perder 5 quilos
- Visitar Niclas

3 SEMANAS

- Doar roupas
- Fazer trabalho voluntário

OBJETIVOS NO MÉDIO PRAZO

2 DIAS

- Arrumar guarda-roupa
- Limpar cozinha
* Renovar habilitação

1 HORA

- Limpar geladeira
* Ligar para meus pais
- Fazer reserva para jantar com Leah

OBJETIVOS NO CURTO PRAZO

OBJETIVOS

alocado, mas a ideia é começar o processo para definir a quantidade de tempo e energia (perseverança e paixão) que seus objetivos exigem, individualmente e como um todo.

PRIORIZE SEUS OBJETIVOS

Depois de definir seus objetivos, considere-os em separado. Eles valem o tempo que você acha que vão levar? Se não, risque-os da lista. Priorize os itens restantes. Quais de fato importam a você? Quais *reluzem* mais? Marque-os com o símbolo de prioridade (✳).

Se estiver implementando o exercício 5, 4, 3, 2, 1, você deve priorizar apenas um objetivo em cada célula. As páginas pessoal e profissional devem ser classificadas separadamente, com dez prioridades ao todo.

Acrescente seus quatro objetivos no curto prazo (os que estão nas células de hora e dia) a seu registro diário e marque-os com um ✳. Cumpra-os primeiro para ganhar o ímpeto de que precisa para partir para os objetivos maiores. Assim, você já se encarrega de quatro de seus dez objetivos! Cada objetivo restante ganha sua própria coleção. Por exemplo: "Viajar para o Havaí" ou "Aprender outro idioma". Lembre-se, como sempre, de acrescentá-los ao índice.

Se hesitar em criar seis novas coleções (três pessoais e três profissionais), talvez isso seja um indicador de que alguns de seus objetivos não são tão importantes quanto você pensava. Não há problema em riscá-los da lista. Não importa o número de objetivos que você tem. O que importa é se concentrar nas coisas certas.

FOCO NAS PRIORIDADES

Assim que suas coleções tiverem sido criadas, reserve um momento para prometer a si mesmo que não revisitará as coleções "Objetivos"

O MÉTODO BULLET JOURNAL

ou "5, 4, 3, 2, 1" até que aqueles que escolheu tenham sido concluídos ou se tornado irrelevantes. Se você for uma pessoa ambiciosa, uma lista de projetos em potencial pode causar muita distração. A ideia de iniciar algo novo pode ser sedutora, principalmente se sua tarefa do momento estiver se arrastando. Resista! Viver com propósito é se concentrar no que é mais importante agora. Mantenha isso em mente quando definir seus objetivos: O que você quer incluir em sua vida agora — e, acima de tudo, por quê?

Queremos trabalhar no menor número de coisas possível. Mas não é mais eficiente ser multitarefas? Não, queremos trabalhar em mais de uma coisa o mínimo necessário. Por quê? Estudos sugerem que apenas cerca de 2% da população é psicologicamente capaz de executar várias tarefas ao mesmo tempo.[37] O restante de nós não trabalha em inúmeras coisas simultaneamente: só faz malabarismo com elas, revezando-as e fazendo o possível para não deixar as bolas caírem.

Quando você deixa uma tarefa inacabada e passa logo para outra, parte de sua atenção fica para trás, presa ao projeto a que estava dedicada. Sophie Leroy, professora da Universidade de Minnesota, chama isso de "resíduo de atenção". Ela escreve: "As pessoas precisam parar de pensar em uma tarefa para transferir completamente sua atenção e executar bem outra. Porém, os resultados indicam que é difícil transferir a atenção de uma tarefa inacabada, de modo que o desempenho na tarefa seguinte é afetado".[38] Em outras palavras, quanto mais você divide seu tempo e sua atenção, menos focado fica. E quanto menos focado fica, menos progresso faz. É por isso que talvez sinta que não está conseguindo fazer muita coisa mesmo estando extremamente ocupado.

Cuide de suas prioridades. Use-as para impedir que as distrações se insinuem. Trabalhe nelas de maneira sistemática, concentrando o

OBJETIVOS

máximo de atenção possível a uma coisa de cada vez. Dê aos seus objetivos uma oportunidade de revelar o que eles têm a lhe ensinar quando você se concentra no processo. O verdadeiro valor está no processo, e não nos objetivos em si. É ele que conta como a maior parte da experiência, fornecendo assim o corpo de informações que vai te ajudar a crescer.

DIVIDA OS OBJETIVOS EM PARTES MENORES
Quando eu era muito jovem, tudo o que queria na vida era ser animador stop-motion. Cresci assistindo repetidas vezes a filmes inspirados nas *Mil e uma noites* e nos mitos gregos, com criaturas fantásticas idealizadas por Ray Harryhausen. Eu dizia a mim mesmo que era aquilo que eu queria fazer, sem sombra de dúvida... até que fiz.

Gravei um curta de animação em stop-motion com um amigo. Ficou razoavelmente bom para um filme cujo orçamento dava apenas para pizza congelada e um pouco de argila. Aprendi muito trabalhando no projeto, mas, acima de tudo, aprendi que insistindo naquela carreira não ganharia dinheiro nem para comer fast-food. Chegar a essa conclusão foi um pouco doloroso, mas também um alívio, pois me libertou para explorar outras coisas. Eu jamais olho para trás e me pergunto como teria sido.

Nem tudo de que a gente gosta serve como trabalho. Isso, por si só, é uma lição valiosa, principalmente quando se é jovem. É importante descobrir que papel aquilo que você ama tem na sua vida. Nem todo hobby ou curiosidade é uma vocação, mas alguns são. Descobrimos isso experimentando por um curto período antes de nos comprometer para valer. Arrisquei com a animação stop-motion em pequena escala, em um projeto no curto prazo, antes de me comprometer com algo maior, como me inscrever em um curso de animação em uma escola de cinema.

Dividir objetivos no longo prazo em objetivos menores e independentes pode transformar o que parece uma maratona em uma série de sprints. Podemos cobrir o mesmo percurso, só que em intervalos mais curtos e mais fáceis de gerenciar. Essa técnica é uma variação levemente adaptada de uma abordagem similar aplicada na área de desenvolvimento de software, mas pode ser utilizada para manejar qualquer tipo de objetivo.[39] Até mesmo os de dimensões mais modestas podem ser fragmentados em partes menores que se adaptem aos mais impacientes (descrição na qual eu me encaixo).

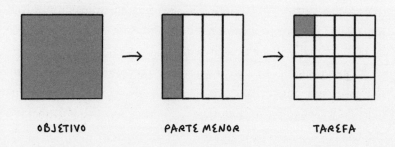

Dividir objetivos em fragmentos diminui o risco de se ficar sobrecarregado e fatigado. Se você não é bom na cozinha mas está determinado a mudar isso, não comece servindo suflê para meia dúzia de amigos gastrônomos. Mesmo se der tudo certo, a pressão pode tornar a experiência tão desagradável que você estaria arriscando arruinar para sempre seu interesse pela culinária. Sentimentos de desgosto podem rapidamente ofuscar os de curiosidade ou satisfação. Comece com um prato mais simples e veja como se sente quando terminar.

OBJETIVOS

Como dividir em partes menores difere de simplesmente dividir em fases? Fases não são fins por si só, enquanto essas partes menores são projetos independentes e autônomos — assim, esperamos que o resultado seja uma fonte de satisfação, informação e motivação para continuar (ou, como aconteceu com meu projeto de animação stop-motion, uma pista útil para deixar um objetivo específico de lado).

Um autor e empreendedor, por exemplo, andava com a ideia de fazer um podcast, algo sobre o qual tinha pouquíssimo conhecimento. Em vez de se dedicar a criar um sozinho, ele planejou seis programas com seu amigo Kevin Rose. Anos depois, o experimento se transformou em *The Tim Ferriss Show*, o principal podcast sobre negócios do iTunes, com mais de duzentos episódios e mais de cem milhões de downloads. Isso demonstra que não devemos subestimar o possível impacto de projetos pequenos mas bem centrados. A primeira versão do bulletjournal.com também foi resultado de uma divisão em partes.

Para estabelecer as partes, estruture-as como subconjuntos específicos de um objetivo ou como habilidades necessárias para um objetivo no longo prazo. Retomando a analogia com a cozinha, ficaria assim:

OBJETIVO NO LONGO PRAZO: APRENDER A COZINHAR

Possíveis partes:

- Aprender a manejar facas
- Aprender a selar e refogar [acrescentando tarefas para outros métodos conforme forem completadas]
- Aprender a escolher legumes frescos [depois acrescentando tarefas para escolher frutas, carnes, aves etc.]

O MÉTODO BULLET JOURNAL

- Aprender a preparar ovos [estabelecendo tarefas relacionadas uma a uma, por exemplo: cozido, mexido, frito, com gema mole, omelete]

EXIGÊNCIAS DAS PARTES MENORES

1. **Não apresentar grandes barreiras** (nada que o impeça de começar). Por exemplo, para aprender a manejar uma faca não é necessário comprar um conjunto caro de facas profissionais. Basta uma básica, que você talvez já tenha ou que possa comprar com um investimento mínimo.
2. **Ser formada por tarefas claramente definidas.** Sua habilidade com facas pode ser dividida em: segurá-la da maneira adequada, afiar, descascar, fatiar, cortar em cubos pequenos e grandes, picar e assim por diante.
3. **Ter um tempo definido e relativamente curto para sua conclusão** (deve demorar menos de um mês para ser concluída; o ideal é que leve uma ou duas semanas). Apenas fazer uma salada vários dias por semana e dominar uma receita simples de sopa de legumes deve aprimorar suas habilidades com a faca rapidamente.

Seguindo essas três regras, você vai manter o foco, a viabilidade e a flexibilidade das partes. Quando uma parte independente é bem estruturada, fica difícil encontrar uma desculpa válida para adiá-la. Se você achar que uma das partes vai levar mais de um mês, divida-a em duas partes ainda menores.

OBJETIVOS

O objetivo é satisfazer sua curiosidade de forma
segura e experimentar sem perder tempo.

BRAINSTORM

Antes de dividir um objetivo, precisamos compreendê-lo. Agora que você escolheu um e criou uma coleção para ele em seu Bullet Journal, use a primeira página para fazer um brainstorm a respeito do "o quê" e do "porquê". Empenhe-se e explore. Escreva tudo o que lhe vier à mente. Esse processo serve para começar a pôr a mão na massa. A página em que vai fazer o brainstorm de seu objetivo "Aprender a cozinhar" pode ficar assim:

1. O que nesse objetivo suscitou minha curiosidade?

   Sempre me perguntei como é que os alimentos que estão lá no mercado viram uma refeição bonita e nutritiva no prato. Como isso acontece exatamente?

2. O que me motivou a querer investir meu tempo e minha energia nisso?

   Estou gastando muito em restaurantes e comidas prontas, e sei que não é a maneira mais saudável de me alimentar. Ganhei um pouco de peso ultimamente e gostaria de monitorar as calorias ingeridas.

3. O que estou tentando realizar?

   Ao aprender a cozinhar, posso economizar e comer alimentos mais saudáveis, além de perder alguns quilos.

O MÉTODO BULLET JOURNAL

Também quero poder convidar amigos para comer aqui em casa sem me preocupar com a possibilidade de estragar tudo.

4. Do que vou precisar?

Conhecimentos básicos de preparação de alimentos, habilidades básicas na cozinha, algumas receitas fáceis para minhas próprias refeições e outras que agradam a todos, como chili, sopa ou hambúrguer.

5. Qual é minha definição de sucesso dentro desse objetivo?

Gastar menos com restaurantes e comida pronta, seguir uma dieta mais saudável e receber amigos para jantar.

Quando terminar o brainstorm, você terá uma ideia melhor dos requisitos de seu objetivo: seu escopo, seus estágios e por que é tão importante para você.

Selecione um dos estágios e o divida em partes menores. Cada uma pode ser disposta em outra subcoleção (p. 114) no Bullet Journal. Em seguida, divida cada parte ainda mais, decompondo suas tarefas.

Depois de listá-las, comece a pensar em quanto tempo cada uma levaria. Se já trabalhou com algum prestador de serviço, o mesmo princípio se aplica aqui: pegue a estimativa de tempo e a triplique. Progresso é mais importante do que velocidade. Se uma coisa for realizada mais rápido do que o previsto, ótimo! Não há nenhum problema nisso (contanto que você não esteja considerando apenas

OBJETIVOS

MODELO TRADICIONAL/ EM FASES

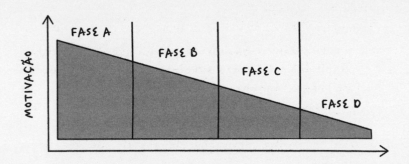

MODELO COM PARTES MENORES

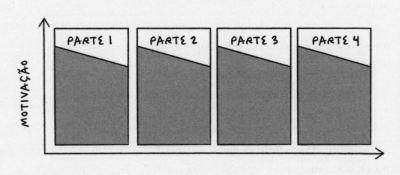

TEMPO = X

O MÉTODO BULLET JOURNAL

a velocidade). O que queremos é evitar atrasos. Isso faz nossa balança de prazer e dor pender para o lado negativo e torna mais difícil seguir com o processo. Se tiver tempo, use-o a seu favor. Se não tiver, reduza o escopo da parte.

Quando tiver planejado a divisão, anote-a no calendário de sua escolha. Dedique um bloco de tempo específico para trabalhar em suas tarefas. Agora você sabe quando o projeto começa, quanto tempo leva, quando trabalhar nele e quando ele acaba.

Quanto mais tempo um objetivo leva para ser cumprido, mais sua motivação diminui. Quando ela se esgota, os objetivos tendem a desmoronar. Projetos divididos em partes menores e independentes ajudam a reduzir a carga para que você possa desfrutar da satisfação de ver um progresso regular. O modo como se sente em relação a um projeto é vital para seu sucesso — sobretudo nos esforços pessoais, em que você pode não ter uma equipe ou chefe para ajudá-lo a manter-se na linha. Progresso fornece ímpeto; ímpeto ajuda a cultivar a paciência.

O escritor Olov Wimark acredita que um dos motivos de ter entrado em depressão foi sentir que sua lista de afazeres nunca diminuía. Ele estava utilizando um aplicativo que apagava uma tarefa assim que ele a ticava. A reviravolta veio quando seu computador quebrou e Olov começou a usar uma máquina de escrever antiga. "Passei a não me cobrar tanto por um erro de ortografia. Já que não podia editar o que já havia escrito, precisava conviver com aquilo ou reescrever a página inteira. As palavras começaram a fluir. E, pasmem, quando chegava a noite, havia uma pilha de trabalho concluído ao lado da máquina. Voltei a me sentir bem com minhas conquistas." Ele também afirma que "o Bullet Journal é muito tangível. O progresso é aparente e as revisões acontecem de forma contínua, sempre

OBJETIVOS

que se abre o caderno para fazer uma anotação". Olov encheu uma antiga caneta-tinteiro com tinta azul e seguiu em frente. "Tudo o que estava em aberto em meu antigo sistema foi transferido, planejado, processado ou simplesmente ignorado."

Dividir objetivos maiores em partes também funciona na contenção de danos. Talvez uma das partes não funcione. Você percebe que não é para você ou depara com informações ou situações que frustram seus planos. Se a parte foi bem planejada, suspendê-la não vai te impedir de seguir com as outras. Na pior das hipóteses, você terá que mexer um pouco na agenda.

Bem-sucedidas ou não, partes menores e independentes de um projeto lhe fornecem espaço para reflexão. Além da reflexão diária (p. 146) — que pode ser aplicada aos projetos, além de ao registro diário —, você tem a oportunidade de parar para refletir sobre a experiência que teve até então após cada uma delas. Por exemplo:

1. *O que estou aprendendo sobre meus pontos fortes e fracos?*
2. *O que está funcionando e o que não está?*
3. *O que eu poderia fazer um pouco melhor da próxima vez?*
4. *Que valor foi acrescentado à minha vida?*

Talvez você descubra que precisa refinar o objetivo principal com base no que aprendeu no caminho. Isso é ótimo! Vamos supor que se dê conta de que só quer fazer comida italiana, ou que só quer cozinhar para grupos grandes, ou que está muito mais interessado em cultivar alimentos do que em prepará-los. Essas percepções vão ajudar você a ajustar seu objetivo, permitindo que aloque seu tempo e sua energia de maneira mais eficaz. Corrigir o curso significa apenas que você descobriu algo ainda mais significativo, e esse é o

O MÉTODO BULLET JOURNAL

objetivo. Simplesmente reaplique as lições que aprendeu antes da próxima parte. Esse ciclo lhe permite continuar a crescer se concentrando no que realmente importa.

PEQUENOS PASSOS

Tive três amigas com três coisas em comum: um trabalho administrativo deprimente, paixão por ioga e, em determinado ponto, um feed do Instagram totalmente idílico. Fotos de praias de areias brancas cercadas de palmeiras viçosas e águas cristalinas. Pessoas lindas rindo enquanto seguravam coquetéis preparados no coco, descansando em volta de fogueiras.

A primeira delas, que vamos chamar de Karen, largou o emprego, vendeu tudo e se mudou para a Costa Rica para trabalhar como professora de ioga. Um ano depois, estava de volta ao escritório. Por quê? Ela disse que não gostou de dar aulas para turistas esnobes no resort em que trabalhava. Queria viajar o mundo e conhecer novas culturas. Não lhe ocorreu que os locais não podiam pagar por suas aulas e que trabalhar reduzia consideravelmente o prazer de estar fora do país. Era a mesma rotina, com um clima melhor, só que distante das pessoas que ela amava.

A segunda delas, que vamos chamar de Rachel, também largou o emprego para trabalhar como professora de ioga em um resort em uma praia paradisíaca. Pouco mais de um ano depois, voltou ao trabalho administrativo. Isso porque se deu conta de que, para ela, dar aulas tirava toda a graça da ioga. O que antes era uma atividade preciosa se tornou um trabalho fisicamente árduo.

O MÉTODO BULLET JOURNAL

A última delas, que vamos chamar de Leigh, deixou o emprego faz uma década e nunca olhou para trás. Ela dá aulas de ioga pelo mundo todo. O que tornou sua experiência diferente? Leigh começou aos poucos. Dava só uma aula no fim de semana, enquanto mantinha seu emprego regular. Viajante inveterada, usou as férias para experimentar dar aulas em vários resorts por uma ou duas semanas. Achou que não era para ela. Com isso, Leigh não perdeu nada, e ainda ganhou conhecimento. Depois, foi convidada para lecionar em alguns retiros. Então, bingo! Ela amou. Os retiros lhe pareceram profundos, divertidos e rentáveis o suficiente. A experiência também lhe deu ideias de como se aprimorar dentro daquele modelo. Leigh começou a organizar retiros locais. Quando deu certo, ela os transferiu para locais mais tropicais. E assim foi. Em vez de uma mudança radical na vida, Leigh optou por uma abordagem sistemática para conquistar seu objetivo. Ela encarou a mudança com paciência e curiosidade, montando cada parte do quebra-cabeça por vez. Essa abordagem questionadora e metódica lhe permitiu não só fazer a transição para um tipo de vida muito diferente, mas também sustentá-la.

A mudança é vital para a produtividade e para o crescimento — pessoal e profissional, entre outros. Pode ser uma maneira poderosa de alterar nossa situação, mas o tiro também pode sair pela culatra. Grandes mudanças por vezes despertam medo. Quanto mais medo sentimos, mais precisamos nos acalmar. Grandes gestos ou ações produtivos muitas vezes resultaram em inatividade em igual ou maior medida. Picos em que acreditamos que tudo é possível são seguidos por vales obscuros em que nada parece ser.

Então como efetuamos mudanças de uma maneira duradoura sem nos estressarmos? No Japão, existe um conceito conhecido como *kaizen*. *Kai* pode ser traduzido como "mudança" e *zen* como

PEQUENOS PASSOS

"bom", formando assim "mudança boa". Outra tradução possível, talvez mais reveladora, é "melhoria contínua".

Diferentemente do que acontece no mundo ocidental, onde o progresso é muitas vezes associado a "ruptura", *kaizen* envolve identificar oportunidades para aprimoramento gradual. É uma abordagem à resolução de problemas que assume a forma de perguntas simples. O que podemos mudar para melhorar a situação? O que pode ser feito com mais acerto da próxima vez? É uma forma poderosa de identificar melhorias executáveis, tornando muito mais fácil apreciar o progresso contínuo.

Embora *kaizen* tenha surgido como método para aprimorar a qualidade e a cultura empresarial da indústria automotiva japonesa, sua aplicação é universal. Na vida cotidiana, *kaizen* pode ser um agente de mudança essencial. Ao chamar nossa atenção para as pequenas coisas, podemos efetuar transformações evitando o desespero. Basta resolver um problema por vez. Cada solução se reflete naquelas que vieram antes. Dessa forma, pequenos passos geram resultados rápidos, promovendo mudanças enormes com o tempo.

NA PRÁTICA

FAÇA PERGUNTAS SIMPLES

No capítulo sobre objetivos (p. 163), discutimos como conquistá-los dividindo-os em partes menores e independentes. Estas, por sua vez, são subdivididas em passos executáveis, ou tarefas.

Crie suas tarefas com base na perspectiva da curiosidade em vez de dar ordens ou ultimatos a si mesmo. É a diferença entre "Preciso

O MÉTODO BULLET JOURNAL

perder peso!" e "O que não é muito saudável e eu poderia eliminar da minha dieta?".

Nossa mente reage bem a indagações porque somos talhados para resolver problemas. Você pode ativar sua curiosidade fazendo perguntas que agucem a imaginação:

- *O que eu quero fazer?*
- *Por que quero fazer isso?*
- *O que posso fazer agora mesmo para começar?*

Fazer perguntas simples torna as tarefas resultantes manejáveis. Quanto mais difícil a tarefa, mais esforço ela exigirá, aumentando portanto a probabilidade de que você a adie. Por isso, torne a tarefa o mais fácil possível.

Você também pode aplicar essa técnica quando está paralisado em um projeto. Mesmo se algo ou alguém estiver impedindo o avanço, é provável que você ainda possa agir para manter o projeto em andamento. Faça a si mesmo perguntas como:

- *Que pequeno passo posso dar agora para levar isso adiante?*
- *O que eu poderia aprimorar neste momento?*

Talvez seja algo simples, como pesquisar informações relevantes na internet, fazer perguntas a um amigo ou colega instruído, recalibrar seus projetos ou escrever algo mais elaborado no caderno sobre o que aprendeu até então. Desafiar a si mesmo para encontrar oportunidades de melhoria gradual muitas vezes abre caminhos. É uma forma simples de se treinar a ser mais proativo.

A aplicação mais eficiente dessa técnica provavelmente se dá na

PEQUENOS PASSOS

resolução de problemas. O método Bullet Journal não nasceu totalmente formado. Ele foi se constituindo aos poucos, com a superação de um desafio por vez. No decorrer dos anos, a maioria das soluções que testei não funcionou. Ainda assim, eu não chamaria esses esforços de fracassos. Cada tentativa que não deu certo me ensinou algo novo, que levou a uma solução melhor. Nas palavras de Aleksandr Soljenítsin: "Erros são grandes professores quando se é sincero o bastante para admiti-los e se está disposto a aprender com eles".

Quando deparar com problemas, dê um passo para trás e comece a resolvê-los fazendo perguntas simples como:

— *O que exatamente não deu certo?*
— *Por que não deu certo?*
— *O que posso melhorar da próxima vez?*

Sejam quais forem os obstáculos ou desafios que você vá encontrar pelo caminho, encare-os com curiosidade. Não se oponha a eles. Aceite-os, examine-os, questione-os formulando perguntas simples. Não deixe que o medo, o orgulho ou a impaciência o impeçam de fazer perguntas. Como Carl Sagan disse certa vez: "Existem perguntas ingênuas, tediosas, mal formuladas, feitas depois de uma autocrítica inadequada. Mas toda pergunta é um grito para compreender o mundo. Não existe pergunta idiota".[40]

REPETIÇÃO

Quando obtivermos as respostas, precisaremos conferi-las, porque com frequência estarão erradas. E tudo bem. É parte do processo de encontrar uma solução. Thomas Edison disse: "Eu não fracassei, só encontrei 10 mil maneiras que não funcionam". Existem benefícios

O MÉTODO BULLET JOURNAL

e utilidade no fracasso. Quando o aceitamos ativamente como um mecanismo de aprendizado, ele pode nos ajudar a crescer. O fracasso deve ser redefinido como uma parte essencial do processo criativo, o precursor inevitável do sucesso, e não o fim. James Dyson, por exemplo, o inventor do aspirador Dyson, testou 5126 protótipos até produzir os resultados que queria. Hoje, ele vale mais de 4 bilhões de dólares.[41]

Edison, Dyson e muitos outros honraram seus fracassos reaplicando ativamente as lições que aprenderam. O "fracasso" permitiu que refinassem suas ideias seguidas vezes até finalmente chegarem a uma solução que funcionasse. Isso é conhecido como ciclo de repetição, e motiva o *kaizen*.

A repetição parece mais complicada do que é. Quando você se faz perguntas simples (O que posso mudar para tornar isso melhor?, por exemplo), já iniciou um processo conhecido como ciclo de Deming, assim nomeado em homenagem a W. Edwards Deming, pai do *kaizen*.[42] O ciclo de Deming nos fornece uma estrutura de quatro estágios para a melhoria contínua: planejar $\longrightarrow$ executar $\longrightarrow$ verificar $\longrightarrow$ agir. Analisemos cada uma das partes.

1. **Planejar:** Reconhecer uma oportunidade e planejar uma mudança.
2. **Executar:** Colocar o plano em andamento e testar a mudança.
3. **Verificar:** Analisar os resultados do teste e identificar o que aprendeu.
4. **Agir:** Colocar em ação o que aprendeu. Se a mudança não der certo, reiniciar o ciclo com um plano diferente. Se der,

PROGRAMAÇÃO DO DIA

7

Reflexão diurna — **Planej**

8
9

10

Prioridades

11

12

13   Almoço

14

15

Execu

16   Tarefas

17

18

19   Jantar

20

21   Prioridades pessoais

22

23

Reflexão noturna — Verif

0   Aç

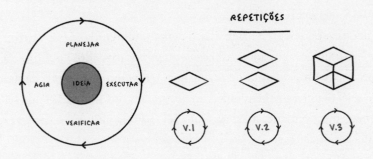

incorporar o que aprendeu para planejar novas melhorias. Repetir a operação.

Agora vamos ver como você pode implementar isso em seu Bullet Journal. Cada dia pode ser visto como um ciclo de repetição. A forma mais objetiva é planejar durante a reflexão diurna (p. 148), executar ao longo do dia, e verificar e agir na reflexão noturna.

Como tudo relacionado ao Bullet Journal, essa não é a única forma de se aplicar isso. Você pode realizar ciclos de repetição sempre que quiser — diariamente, semanalmente e até mesmo durante a migração mensal (p. 120). O importante é que eles se tornem parte constante de sua abordagem.

Produtividade é, em grande medida, uma questão de consistência. Quando se tira da cabeça que é preciso trabalhar em velocidade máxima, é possível se concentrar no processo. À exceção de uma força de vontade sobre-humana, essa é a única forma de persistir.

PEQUENOS PASSOS

DIAS MELHORES

Tudo isso pode parecer trabalhoso demais, sobretudo se você estiver se sentindo desanimado, paralisado ou sobrecarregado. Você diz a si mesmo que não tem dinheiro, energia, tempo ou vontade de cuidar de seus objetivos profissionais, muito menos dos pessoais. Pode ser a mais pura verdade, mas, nem que seja bem lá no fundo, você tem uma escolha.

Você pode escolher se concentrar em todos os motivos pelos quais não é capaz ou pode procurar um modo de ser capaz. Se não está feliz com sua vida, pergunte a si mesmo: O que eu poderia fazer amanhã que tornaria minha vida um pouco melhor? Talvez seja ligar para um amigo, sair alguns minutos mais cedo para pegar um caminho mais bonito para o trabalho se fizer sol, ou encarar a cadeira que está soterrada de roupas. Mais uma vez, estamos procurando qualquer vitória, por diminuta que seja. Mantenha as expectativas baixas, de modo que realmente faça o que foi proposto, e registre como tarefa em seu Bullet Journal.

No dia seguinte, faça a mesma pergunta. Encontre algo, qualquer coisa, que torne sua vida um pouco melhor. Talvez conversar com outro amigo cujo nome tenha surgido na ligação do dia anterior, tomar café naquele lugarzinho legal que descobriu no caminho para o trabalho ou arrumar uma gaveta da cômoda.

Continue fazendo isso todos os dias durante um mês e monitore no Bullet Journal. Quando menos perceber, você terá se reconectado com pessoas de que gosta, descoberto lugares divertidos e aproveitado uma casa menos bagunçada. É assim que pequenas ações, inspiradas por perguntas simples, podem ter um impacto positivo exponencial em sua vida. Pergunta por pergunta, tarefa

188

O MÉTODO BULLET JOURNAL

por tarefa, você estará cultivando um caminho duradouro na direção da melhoria contínua e das boas mudanças, um passo de cada vez.

		22	23	24	25	26	27	28	SEMANA 4
	15	16	17	18	19	20	21		SEMANA 3
8	9	10	11	12	13	14			SEMANA 2
1	2	3	4	5	6	7			SEMANA 1

28 COISAS MELHORES

TEMPO

*No fim, não são os anos em sua vida que contam,
mas a vida em seus anos.*

ABRAHAM LINCOLN

Quando lhe pediram que descrevesse sua teoria da relatividade, Einstein (bondosamente) o fez da seguinte maneira: "Quando um homem está sentado ao lado de uma garota bonita por uma hora, parece um minuto. Mas se você o deixar sentado sobre o fogão quente por um minuto, vai parecer mais que uma hora. Isso é relatividade".[43] Em outras palavras, nossa percepção do tempo muda com o que estamos fazendo.

Pense em como ela é diferente agora em comparação a quando éramos crianças. Naquela época, uma viagem de carro de uma hora levava uma eternidade ("Estamos chegando?"). Quanto mais velhos ficamos, nos tornamos menos sensíveis à passagem do tempo e prestamos menos atenção em como o gastamos. Um prazo atrás do outro, um objetivo atrás do outro, o tempo passa rápido, principalmente quando estamos ocupados. Porque nossa impressão dele é tão relativa, fica fácil esquecer que se trata de um recurso finito. Quando nos damos conta, estamos sem tempo.

O MÉTODO BULLET JOURNAL

*A dura verdade é que o tempo não
pode ser* **criado,** *apenas* **usado.**

Embora não seja possível criar mais tempo, podemos aumentar a qualidade daquele que temos.

A medição da qualidade do tempo não é uma ciência exata, mas um indicador importante é o impacto. Quantas vezes você passa o dia inteiro sentado à sua mesa e sente que não fez nada? Outras vezes, você se senta por algumas horas e produz o equivalente a dias de trabalho. Isso tem pouco a ver com quantidade de tempo e muito com a quantidade de atenção que consegue prestar no momento presente. Domar sua atenção pode ser difícil, porque a mente não é um bom viajante do tempo. Ela tende a se perder tanto no passado quanto no futuro. Com que frequência nos pegamos pensando em coisas que não podemos mudar ou nos preocupando com aquilo que não conseguimos prever? Muito tempo e energia são sugados do único lugar em que podemos fazer alguma diferença de fato: o aqui e o agora.

*A qualidade de nosso tempo é determinada
por nossa capacidade de estarmos presentes.*

Nossa atenção compreende um espectro. De um lado estão coisas que repelem nossa curiosidade, como ir ao Departamento de Trânsito. Do lado oposto está um estado frequentemente indicado como "fluxo", quando estamos mais presentes e temos maior impacto.

Mihaly Csikszentmihalyi, psicólogo húngaro que cunhou o termo, passou a carreira estudando o que torna as pessoas felizes. Durante a pesquisa, entrevistou gente de todas as áreas criativas, de pintores a poetas e cientistas. Todos mencionaram um estado ideal em que seu trabalho parecia ganhar vida própria. Alguns o descreveram como algo extático. A raiz da palavra "êxtase" vem do grego *ekstasis*, que significa "sair de si". Csikszentmihalyi argumenta que essa sensação é o resultado de uma mente tão consumida por uma tarefa que não consegue processar conscientemente a experiência do eu.[44] Entramos no fluxo quando estamos envolvidos por completo. É quando estamos totalmente presentes que destravamos todo o nosso potencial produtivo e criativo. Então é possível criar fluxo? Como a felicidade, é algo que não pode ser forçado. No entanto, usando nosso tempo de maneira estratégica, podemos criar as condições em que é mais provável que ele aconteça.

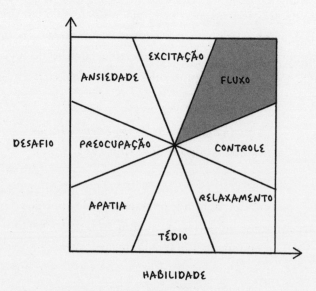

Baseado na obra de Mihaly Csikszentmihalyi

O MÉTODO BULLET JOURNAL

NA PRÁTICA

ALOCAÇÃO DE TEMPO

Não importa quanto propósito possua, você deve ter algumas responsabilidades que não são exatamente agradáveis, mas não podem ser evitadas. Todos temos. Algumas parecem difíceis, o que é assustador (ter aquela conversa franca com o companheiro, pedir um aumento ao chefe, fazer uma apresentação importante). Outras podem parecer fáceis demais, e acabam por nos entediar (limpar a casa, pagar contas, cumprir a rotina do trabalho). Tendemos a adiar ambos os tipos de atividade o máximo possível. É claro que elas não desaparecem — só ficam fazendo tique-taque em nossa lista de tarefas, como bombas-relógio. Quanto mais postergamos, mais prioritárias elas se tornam. É assim que tarefas irrisórias como pagar contas se transformam em uma urgência inconveniente e em uma angústia financeira que esgotam sua energia, consomem seu tempo e acabam explodindo na sua cara.

Podemos neutralizar essas obrigações por meio da alocação de tempo. Como sugere o nome, ela confina uma atividade a determinado período. A alocação de tempo foi pensada para canalizar toda a sua atenção para algo, permitindo que você se concentre apenas nisso por um período predefinido.

A alocação de tempo acrescenta dois importantes ingredientes motivacionais — estrutura e urgência — a uma tarefa que você vinha adiando.

193

TEMPO

Se só tiver trinta minutos por dia para ler algo que vai cair em uma prova, você vai aproveitar muito bem esse tempo. Será indolor o bastante para abrandar sua impaciência ("Ainda bem que isso não vai se arrastar"), simples o bastante para que não fique sobrecarregado ("Isso eu consigo fazer!") e desafiador o bastante para atrair sua atenção ("Certo, tenho trinta minutos para entender esse conteúdo. Cérebro, nós vamos conseguir. Hora de começar!").

Digamos que você precise fazer sua declaração de imposto de renda em um mês. Em vez de esperar até o último minuto e então ficar estressado ao se dar conta de que não levou em consideração um monte de coisas, divida a tarefa em sessões. Por exemplo:

- Sessões 1-2: domingo, 20h30-21h, reunir material.
- Sessões 3-6: segunda, quarta, domingo, 20h30-21h, compilar material em uma planilha.
- Sessão 7: terça, 20h30-21h, finalizar e enviar arquivos.
- Sessão 8: quinta (último dia), 20h30-21h, fornecer informações adicionais.

A chave para criar fluxo é equilibrar o desafio da tarefa e seu nível de habilidade. Se você não tiver habilidade para determinada tarefa, ela pode causar ansiedade e parecer avassaladora. A alocação de tempo lhe permite reduzir uma tarefa e aprimorar pouco a pouco suas habilidades no processo. Com o tempo, isso pode facilitar as coisas. Se, por outro lado, uma tarefa quase não requer esforços, sua capacidade de se envolver com ela é muito baixa. Nesse contexto, a alocação de tempo pode aumentar o desafio, criando uma sensação de urgência.

O MÉTODO BULLET JOURNAL

AGENDAMENTO: NÃO ADIE, ADIANTE

Nossa capacidade de concentração vai diminuindo no decorrer do dia. A hora em que fazemos algo tem grande impacto em nosso desempenho. Se você fica adiando algo, então já identificou seu fardo. A procrastinação indica que essa pode ser a tarefa mais desafiadora de sua lista, porque preocupa você ou não lhe interessa. Coloque-a em primeiro lugar.

Entendo perfeitamente que você não queira começar o dia com algo que não é estimulante ou motivador. Mas essa tarefa é uma pedra em seu sapato, então você deve tirá-la logo. Elimine-a antes que vire um transtorno de verdade. Encher o início do seu dia com coisas fáceis é uma forma de procrastinação. Tirar as tarefas mais onerosas da frente primeiro simplifica o resto do dia. É como quando corremos com pesos: você se sente mais leve e mais forte ao se livrar deles.

Outro benefício dessa hierarquia reversa de tarefas é que ela permite que você siga na direção das coisas que considera mais interessantes. É muito mais fácil manter o foco e a motivação durante o dia quando se espera por algo. Dito isso, as pessoas têm biorritmos diferentes. Algumas têm mais disposição à noite. O truque é descobrir quando você está mais focado e é mais produtivo, e então planejar seu dia de acordo com isso.

MEMENTO MORI

Fazia um ano que eu não falava com meu avô. Sabia que ele estava mal de saúde, então escrevi "ligar para o vovô" em meu Bullet Journal. Mas ele se foi antes que eu o contatasse. Quase todo mundo que conheço tem uma história parecida, um arrependimento desse tipo. A morte é o lembrete mais notável do valor do tempo.

195

TEMPO

Os romanos tinham uma frase, *memento mori*, que pode ser traduzida como "lembre-se de que você é mortal". Diz a lenda que quando os generais retornavam vitoriosos da batalha e desfilavam pela rua, um criado sussurrava essa frase em seu ouvido repetidas vezes, para mantê-los humildes e focados.

Uma das poucas verdades absolutas é que todos os seres vivos vão morrer. Ainda assim, no Ocidente, demonizamos a impermanência. A morte é antropomorfizada como um inimigo mórbido que espreita nas sombras, esperando para tirar tudo de nós. É uma noção aterrorizante que torna nossa relação com o inevitável unilateral. Não precisa ser assim. Aceitar a realidade da impermanência pode tornar o tempo que temos muito mais rico.

Pense em sua comida preferida. Digamos que é pizza. Vamos supor que um dia alguém lhe diga que você vai poder comer pizza mais 87 vezes na vida. Isso faria você deixar de gostar de pizza, evitá-la ou temê-la? Comer pizza se tornaria algo deprimente? Provavelmente seria o oposto. O simples fato de saber que a experiência é limitada aumenta sua intensidade, além da capacidade de estar mais presente. Você iria saborear cada pedaço com um prazer inédito.

Lembrar constantemente que você, seus colegas, seu animal de estimação, seu companheiro, seu irmão e seus pais vão morrer pode aprimorar a natureza de suas interações com eles. Isso pode torná-lo mais empático, complacente, paciente, gentil e grato. Acima de tudo, pode melhorar a qualidade de seu tempo, tornando você mais presente.

Marco Aurélio, imperador de Roma e filósofo estoico, disse: "Você pode deixar a vida agora mesmo. Deixe que isso determine o que faz, diz e pensa".[45] Como sua vida mudaria se você operasse com base nessas diretrizes? Ficaria tudo na mesma? O que faria de outra

O MÉTODO BULLET JOURNAL

forma? O que diria de outra forma? Só de pensar assim as coisas ficaram mais claras ou lhe ocorreu uma nova perspectiva? A verdadeira questão é: Por que não operamos sempre desse modo? Afinal, é essa a realidade em que vivemos.

Não podemos controlar o destino. Nos momentos em que temos o poder da escolha, devemos estar alertas ao que deixamos entrar em nossos dias, porque não temos vida para desperdiçar. Durante a migração, nos perguntamos "o que é crucial" e "o que importa", para ajudar a separar as distrações da vida. Às vezes é difícil responder. Acrescentar o ponto de vista da impermanência em nossa reflexão pode trazer clareza na medida em que nos recorda o que está em jogo. Lembramos que somos mortais para não nos esquecermos de aproveitar ao máximo o tempo que temos.

GRATIDÃO

*A vida é tão sutil que às vezes você nem se
dá conta de que está entrando pelas portas que
antes rezava para que se abrissem.*

BRIANNA WIEST

Há uma cena em *Twin Peaks*, de David Lynch, em que o agente especial Dale Cooper e o policial Harry S. Truman entram na lanchonete Double R. O agente Cooper dá um tapinha no peito do policial, sorrindo, e diz: "Vou contar um segredinho. Dê um presente a si mesmo todos os dias".

O presente? Duas xícaras de "um bom cafezinho quente".

Há algo profundamente tocante nessa cena. Na sanidade questionável, estranha e violenta do mundo de Lynch, Cooper encontrou uma forma de injetar um pouco de leveza em sua vida.

Ele está considerando o que é bom. Ama aquela lanchonete, ama aquele café, e está se presenteando com um momento para apreciar isso. Embora alegue que o ritual é um segredo, eu diria que é uma habilidade subestimada por todos nós.

Na tradição meditativa da atenção plena, somos ensinados a direcionar nossa atenção para o momento. Seja lavando louça, escovando

O MÉTODO BULLET JOURNAL

os dentes ou esperando em uma fila, devemos estar ali por inteiro, cultivando nossa capacidade de estar presente. Uma ideia errada mas comum a respeito da meditação é que se trata de se livrar dos pensamentos. Mais precisamente, a atenção plena ajuda a nos distanciarmos deles. Uma metáfora útil compartilhada por um de meus professores é: se os pensamentos fossem carros, a meditação ajudaria a ficar no acostamento, em vez de parados no engarrafamento.

É tão fácil ficarmos presos no trânsito da vida que podemos passar reto por momentos importantes. Um bom exemplo disso é como nos fixamos em realizações. Uma realização é uma medida definida de produtividade, mas qual é a medida definida de realização? Em outras palavras, por que uma realização é algo valioso? Para prosperar? Para crescer? Talvez, mas apenas se tirarmos um tempo para analisar o impacto de nossos esforços. Só porque você está dirigindo a toda a velocidade, não significa que está indo na direção certa.

Da próxima vez que riscar uma tarefa em seu BuJo, desacelere. Aproveite para fazer uma pausa e refletir sobre o impacto de sua realização. O que você sente? Se não sentir nada — ou apenas alívio —, é provável que aquilo em que está trabalhando com tanto afinco não esteja acrescentando muito valor à sua vida. Essa é uma questão vital que precisa ser reconhecida. Se, por outro lado, você sentir a mínima sensação de alegria, orgulho, estima ou satisfação, então pode estar no caminho certo. Conceda-se um momento para apreciar sua realização e reconhecê-la, porque ela está tentando lhe revelar algo. Afinal, se você não puder desfrutar de suas realizações, para que elas servem?

Suas conquistas têm o poder de estimulá-lo e guiá-lo, mas para que isso aconteça você precisa ter tempo para se sentir grato por elas.

GRATIDÃO

NA PRÁTICA

CELEBRAÇÃO

Seu Bullet Journal guarda uma lista de tarefas. Depois de executada, uma tarefa se transforma em realização. Quando você considera que algo foi concluído, tem a oportunidade de reconhecer essa realização. Se seu impacto for remotamente positivo, celebre isso! Se for uma grande vitória — como concluir uma etapa importante ou um objetivo no longo prazo —, planeje uma comemoração adequada, de preferência com todas as pessoas que participaram da sua vitória ou que ficaram felizes com ela. Se for uma realização média, talvez seja legal contar a um amigo ou encerrar o dia um pouco antes do horário normal. Se for uma realização pequena, sorria! Estale os dedos! Cerre o punho e exclame: "Terminei!". Curta a onda de dopamina. Celebrar suas vitórias não é apenas um tapinha nas próprias costas — ensina a identificar momentos positivos, permitindo que descubra outros e desfrute deles.

Comemorar pequenas vitórias pode proporcionar melhorias drásticas na percepção que você tem de si mesmo e de seu comportamento. Tendemos a ruminar as coisas que fizemos errado, não notando ou ignorando tudo o que fizemos certo. Ao celebrar nossas conquistas, nos obrigamos a reconhecer nossas habilidades e temos provas de que podemos sim contribuir. Isso muda nosso comportamento de "Como vou conseguir fazer tudo isso?" para "Veja tudo o que fiz! Eu consigo". O medo do fracasso vai ter menos espaço em sua mente. Não se trata de autoindulgência. É um modo intencional de criar ímpeto, otimismo e resiliência. Uma maneira simples mas significativa de começar a apreciar suas conquistas é anotá-las. Pôr as realizações no papel te ajuda a fazer uma pausa para reconhecer

O MÉTODO BULLET JOURNAL

as vitórias. No Bullet Journal, você pode fazer isso registrando esses momentos no registro diário, no calendário mensal ou numa coleção de gratidão.

PRÁTICA DA GRATIDÃO

Estudos mostram que são necessários cinco elogios para equilibrar qualquer observação negativa que fazem a nosso respeito. Isso acontece porque nos lembramos dos acontecimentos negativos de maneira mais intensa do que dos positivos. Introduzir a prática da gratidão — um simples processo de nos habituarmos a reconhecer as coisas pelas quais somos gratos — é uma boa forma de neutralizar nossa tendência à negatividade, estimulando a conscientização sobre as coisas positivas em nossa vida.[46]

Adotar a prática da gratidão demonstrou aprimorar relacionamentos, a saúde física e mental, a empatia e a autoestima, ao mesmo tempo que diminuiu a agressividade. E a lista de benefícios continua.[47] Gosto de pensar que essa prática ajuda nosso diálogo contínuo com a vida a permanecer produtivo. Com isso em mente, vamos dar uma olhada em dois exemplos simples de como incorporá-la ao Bullet Journal.

1. Em seu registro diário (p. 98), durante a reflexão noturna (p. 148), anote mais de uma coisa pela qual é grato. Tente fazer isso todos os dias.
2. Crie uma coleção "Gratidão" (e se lembre de acrescentá-la ao índice). Mais uma vez, anote mais de uma coisa pela qual é grato. Tente fazer isso todos os dias. Se sentir vontade, pode até ser criativo na forma de registrar seus momentos preferidos (p. 20).

GRATIDÃO

Você logo vai esgotar as coisas mais óbvias, como saúde, casa, família, amigos, animais de estimação etc. O truque é evitar repetir, o que deixa a coisa mais interessante. É quando terminam as respostas prontas que começamos a procurar material na experiência diária. Isso nos ajuda a estar mais presentes. Ao examinar ativamente suas experiências para encontrar coisas boas, você passa a localizá-las e apreciá-las com mais facilidade. Você também aprende que — parafraseando o monge beneditino David Steindl-Rast — não pode ser grato por tudo, mas pode ser grato em todos os momentos.[48]

Mesmo nos dias em que não acontece muita coisa, a prática da gratidão vai fazer você encontrar coisas para apreciar — seja um colega de trabalho que te ajudou, um estranho que abriu uma porta, uma refeição ou uma vaga de estacionamento perto da entrada. Isso vai ajudá-lo a permanecer ciente das coisas que tornam a vida um pouco mais agradável. Uma vez por dia, dê-se o presente de saborear o que há de bom em sua vida.

CONTROLE

*Conceda-me, Senhor, serenidade para aceitar
as coisas que não posso modificar, coragem
para modificar aquelas que posso
e sabedoria para reconhecer a diferença.*

REINHOLD NIEBUHR

O fato de que tudo muda é uma das poucas verdades universais que existem. Por um lado, isso nos assusta, porque as coisas podem mudar para pior. Investimos uma quantidade enorme de tempo e energia, sem mencionar dinheiro, tentando prevenir ou mitigar mudanças negativas como perder o emprego, o status, a segurança, a saúde ou terminar um relacionamento. O mesmo vale para as mudanças positivas, sejam na educação, na aparência, na habilidade ou no crescimento pessoal. Em ambos os casos, muito de nosso esforço é desperdiçado, porque é aplicado em coisas que simplesmente não temos o poder de mudar. Compreender o que podemos transformar começa com a definição do que está no nosso controle.

Isso constitui o cerne da filosofia do estoicismo, uma antiga escola filosófica focada em desvendar o enigma ancestral de como viver uma boa vida. Para os estoicos, uma parte crítica da solução

CONTROLE

era "saber a diferença" entre o que podemos e o que não podemos controlar.

Segundo eles, não podemos controlar o mundo à nossa volta nem as pessoas que vivem nele. É nossa inútil resistência a essa verdade que nos deixa frustrados, arrasados ou completamente perdidos. Por exemplo, quando buscamos aprovação ou reconhecimento de outros como recompensa por nossos esforços, com frequência ficamos insatisfeitos ou raivosos e confusos ao ver que não recebemos o que esperamos. Por que nos sentimos tão mal? Porque criamos expectativas relacionadas a algo que não controlamos.

Quando se olha para a vida por essa perspectiva, os exemplos começam a surgir aos montes. Uma pessoa simplesmente não gosta de você, por melhor que seja com ela. Você dá um ótimo conselho a um amigo, mas ele faz o exato oposto. Você acumula horas extras e vê outra pessoa sendo promovida em seu lugar. Você abre o coração e é magoado. Se continuarmos, a lista será infinita. Quanto mais você tenta controlar os outros, mais exaustiva fica a vida.

Se não podemos controlar o mundo ao nosso redor, só nos resta controlar nosso mundo interior, certo? Bem, somos criaturas emocionais complexas. Não podemos evitar sentir raiva daqueles que nos fazem mal, ou tristeza diante de uma perda. Então tampouco temos controle total sobre nós mesmos. Em resumo: não podemos controlar sentimentos, pessoas ou acontecimentos externos. Mas há algo que podemos controlar e que é muito poderoso.

Podemos controlar como reagimos
ao que acontece conosco.

Está em nosso poder reagir de forma consciente aos problemas bastante criativos a que o mundo, as pessoas e até mesmo nossas emoções nos submetem. Pode ser libertador perceber que, independentemente do que aconteça em sua vida, de quão ruins as coisas fiquem, você nunca estará totalmente à mercê de sua experiência. Podemos encontrar consolo no entendimento de que sempre haverá oportunidade e liberdade em nossas ações. É nossa obrigação, portanto, fazer o melhor uso disso.

> Se meu computador travava, mesmo que por um segundo, eu descontava no mouse e no teclado. Era como socar uma poça d'água para tentar ferir a chuva. Quando comecei a utilizar o Bullet Journal, passei a me perguntar "por quê?" antes de me irritar com qualquer coisinha. Se alguém me fechava na estrada, eu imaginava por que eu deveria ficar irritado com algo que não podia controlar. Agora, simplesmente deixo mais espaço entre meu carro e o da frente.
>
> Trey Kauffman, usuário do Bullet Journal

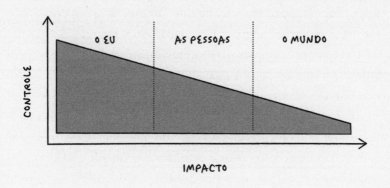

CONTROLE

NA PRÁTICA

RESPONDER x REAGIR

Nossas reações costumam ser mais instintivas do que propositais, principalmente quando uma situação ou uma pessoa quer trazer à tona nosso pior. Digamos que seu colega Chad ofenda você, que estufa como um baiacu tentando se proteger. Você poderia perder muito tempo pensando em como ele está errado, no modo como agiu com você, em sua abordagem da situação, nos sapatos que usa, em relação à vida em geral. Ou pior: você poderia atacá-lo, o que geraria uma reação dele e faria com que a coisa seguisse ladeira abaixo, até ambos estarem estendidos lá no pé da escada evolutiva.

Desperdiçamos energia tentando nos "proteger" porque, lá no fundo, somos animais. Quando nossos ancestrais eram ameaçados, eles sobreviviam correndo ou atacando. Lutando ou fugindo. Já se passou algum tempo desde que nós nos balançávamos em árvores, e agora temos outras opções à nossa disposição. Podemos fazer melhor.

Em vez de arremessar Chad pela janela, respire fundo e não morda a isca. Deixe o calor do momento passar. Durante as reflexões diurna e noturna, você pode analisar a experiência com outros olhos. Por que ele disse ou fez aquilo? Por que ele optou por expressar sua questionável opinião? Que opções você tem?

Use essas ponderações para formular uma resposta de caso pensado em forma de carta no seu Bullet Journal. Essa carta não tem necessariamente a pessoa como destinatária. É só para que você organize seus pensamentos — para revelar oportunidades e ideias que podem ter sido obscurecidas no calor do momento. Esse truque me ajudou bastante com pessoas e situações bastante desafiadoras. Em primeiro lugar, permite que você desabafe em segurança. Tirar tudo

206

O MÉTODO BULLET JOURNAL

da sua cabeça fornece um alívio muito necessário. Ver seus pensamentos no papel também pode revelar se você está sendo mesquinho, pouco razoável ou até mesmo irracional. Com isso fora do caminho, o problema diminui de tamanho, e você pode reestruturar sua argumentação de um modo mais calmo e cuidadoso, descobrindo quais seriam os próximos passos mais produtivos.

Por exemplo, você pode se dar conta de que uma grande fonte de controvérsia é o fato de você não compreender por que aquela pessoa disse aquilo. Em geral é algo passível de ser esclarecido. Se surgir uma oportunidade de conversar com a pessoa, tente ouvir de verdade o que ela está dizendo. Você pode chegar à conclusão de que ela tinha seus motivos. Talvez tenha entendido algo errado; no lugar dela, você também estaria zangado. O fato de ter agido feito idiota não quer dizer que ela esteja errada. E, só porque você se sentiu ofendido, não quer dizer que está certo.

No processo de escrever essa carta, talvez você compreenda que o que a pessoa disse ou fez não tem nada a ver com você. No calor do momento, é fácil esquecer que o agressor pode estar lidando com suas próprias dores. Reagindo com medo ou raiva, apenas aprofundamos as feridas dele e as nossas, desfazendo oportunidades de entendimento, progresso ou resolução. Também gastamos tempo e energia com algo que não podemos controlar.

PROCESSO x RESULTADO

Mark Twain escreveu: "Tive muitas preocupações na vida, e a maioria delas nunca se concretizou".[49] A preocupação consegue sequestrar nossa atenção. Isso é especialmente verdadeiro para aquilo que não conseguimos controlar devido a um elevado nível de incerteza. Queimamos muitos recursos obcecados com possíveis resultados e

CONTROLE

fazendo planos de contingência, mas, na verdade, estamos apenas alimentando nossa ansiedade. Tentar pensar em saídas para situações que não estão sob nosso controle pode parecer produtivo, mas não passa de uma enorme distração.

A preocupação nos ilude com a promessa de uma solução, quando em geral não oferece nenhuma.

Como disse o Dalai Lama: "Se um problema pode ser resolvido, não é preciso se preocupar com ele. Se não pode ser resolvido, não adianta se preocupar".[50]

Durante as reflexões diurna e noturna ou a migração mensal, passe os olhos por suas tarefas e tente identificar o que pode e o que não pode ser controlado. Uma dica fácil é ver se suas tarefas são focadas em resultados, e não no processo. "Fazer uma apresentação incrível", "Perder cinco quilos", "Ler cinco livros" ou "Pôr algum juízo na cabeça do Chad" são objetivos. Embora eles direcionem você, eles se concentram em resultados que, em última instância, fogem do nosso controle. É por isso que dividimos nossos objetivos em pequenos passos em relação aos quais podemos agir: "Memorizar apresentação", "Não tomar refrigerante aos domingos", "Separar um tempo para leitura" ou "Abordar as preocupações do Chad". São coisas que você pode controlar.

Identificando o que está fora de nosso controle e deixando tais coisas de lado, podemos resgatar nossa atenção e reinvesti-la em coisas que podemos controlar. Concentre-se em fazer tudo o que estiver sob seu controle para que algo tenha êxito. Ninguém pode exigir nada além disso de você. Acima de tudo, não podemos exigir nada além disso de nós mesmos.

RADIÂNCIA

*Quando um homem muda sua própria
natureza, a atitude do mundo todo em relação
a ele também muda.*

MAHATMA GANDHI

Pense em um colega nocivo com quem já trabalhou. Embora você possa estar muito satisfeito com seu emprego, como se sente quando alguém fala mal da empresa, reclama do trabalho ou manipula pessoas para conseguir o que quer? Isso dá um gosto amargo na boca, que demora a sair. Sem se dar conta, você pode passar a negatividade para seu cônjuge durante o jantar — e até mesmo para os colegas dele no dia seguinte, segundo um estudo.[51]

Como uma pedrinha jogada em um lago, nossas ações reverberam no mundo à nossa volta. Cada ondulação influencia aquilo que encontra. Quando você segura a porta para alguém, por exemplo, pode inspirar nessa pessoa a disposição de fazer o mesmo por quem vem em seguida ou praticar outra gentileza. Da mesma forma, quando grita com alguém, o cônjuge, filho ou um amigo dele fica sujeito ao efeito de propagação da sua ação. Gosto de me referir à nossa capacidade de influenciar o mundo à nossa volta como "radiância".

RADIÂNCIA

A natureza do que irradiamos costuma ser o reflexo do que está acontecendo dentro de nós. É por isso que cultivar o autoconhecimento, longe de ser algo egoísta, tem importância vital. Se não assumimos (ou relutarmos em assumir) a responsabilidade por nossas qualidades inferiores, como negatividade ou raiva, acabamos por passá-las adiante. O peso de suas palavras ou ações começa a dar forma ao mundo ao seu redor e a deixá-lo mais próximo de seu mundo interior. Sua falta de entusiasmo por um projeto suga a animação do restante da equipe. Seu mau humor volta para você no silêncio de seu companheiro durante o jantar.

Não estou sugerindo que você se force a ser tão alegre como um personagem da Disney, soltando arco-íris de perpétuo otimismo pelo nariz. Porém temos a obrigação de encarar nossas fraquezas e reforçar nossos pontos fortes, porque não estamos sozinhos. Cultivar nosso potencial nos torna mais preciosos a nós mesmos e aos outros, principalmente aqueles que estão mais próximos de nós.

Ainda que não possa controlar as pessoas, você influencia aqueles com quem tem contato. E eles também podem levar essa influência adiante. Seu conhecimento pode ensinar os outros. Seu esforço pode inspirar os outros. Seu humor positivo pode contagiar os outros. Seth Godin escreveu: "Ou você é a pessoa que cria energia ou aquela que a destrói".[52]

Melhorar a si mesmo leva à melhoria dos outros e do mundo, se levarmos aquele efeito de propagação até seu potencial infinito e o multiplicarmos por cada alma motivada. Se não quer melhorar por si mesmo, faça isso pelos outros. Se seu objetivo na vida é ser útil aos outros, pode começar sendo útil a si mesmo.

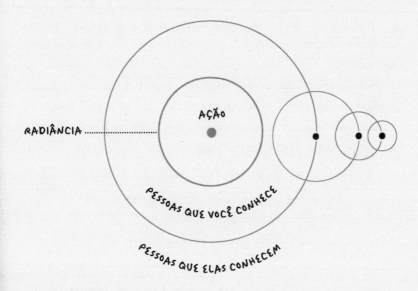

NA PRÁTICA

AUTOCOMPAIXÃO

Pense em um amigo que está passando por um momento ruim. Talvez tenha cometido um erro no trabalho, sido cruel com alguém ou simplesmente levado um fora. Independentemente do motivo, ele está se sentindo mal consigo mesmo. Você já deve ter sentado para conversar com ele e ficado ouvindo enquanto ele repetia que era uma pessoa terrível e inútil.

Talvez você tenha tentado corrigir essa percepção distorcida apontando as coisas que ele faz bem, ressaltando o quanto gosta dele e dizendo que todo mundo comete erros. Talvez tenha sugerido um modo de seguir em frente, porque sabe que ficar remoendo fracassos e defeitos não serve para nada. No mínimo, você escutou.

RADIÂNCIA

Ficamos felizes em oferecer apoio e consolo quando aqueles que estimamos estão necessitados. E se estendêssemos essa gentileza a nós mesmos?

É mais fácil falar do que fazer. Podemos encontrar inúmeras razões para ser duros conosco, principalmente se somos inseguros ou sensíveis. Precisamos começar a trocar a tirania pelos conselhos sensatos e compassivos que damos aos outros.

Podemos começar a cultivar a autocompaixão fazendo uma simples pergunta: O que diríamos a um amigo nessa situação?

Isso interrompe o monólogo interno. Faz você entrar no modo resolução de problemas e ajuda a perceber como a autocrítica é inútil e contraproducente. Você exacerbaria o sofrimento de um amigo atormentado que clama por ajuda? É claro que não, porque é uma boa pessoa e se importa com ele. Ainda assim, é o que muitos de nós fazemos conosco o tempo todo.

Da próxima vez que se pegar fazendo tal coisa, finja que está cuidando de um amigo com problemas. Que conselho paciente e compassivo daria para ajudá-lo a superar ou contextualizar sua situação? Fazer algo errado no trabalho, por exemplo, pode desencadear uma espiral decrescente em que se começa a questionar o valor e capacidade que cada um de nós tem. Logo se perde a perspectiva. Uma maneira simples de fazer com que a pessoa se sinta melhor é apresentar provas que a forcem a questionar seu crítico interno. Podemos usar a mesma tática e enfrentar o nosso.

Quando erramos, nosso crítico interno fala mais alto, e ele pode

O MÉTODO BULLET JOURNAL

ser muito convincente. Felizmente, temos algumas provas para confirmar que ele está errado, escritas com nossa própria caligrafia, se tivermos registrado exemplos claros de nosso sucesso, de nossa capacidade e gentileza, dos cuidados que tomamos etc. Isso é especialmente verdadeiro quando você faz um registro da gratidão (p. 198). Não importa a culpa que você esteja atribuindo a si mesmo, é provável que encontre provas irrefutáveis de sua inocência nas páginas de seu Bullet Journal.

Quando estiver mal, leia esses exemplos durante suas reflexões. Mostre a si mesmo as evidências e se permita aceitá-las. Pode ser difícil, e talvez você fique cético no começo, mas tente abrir espaço internamente para uma voz gentil. Quanto mais tempo a voz falar, mais oportunidades terá de ser ouvida. Com o tempo, você pode se mostrar mais disposto a confiar nela.

APRIMORAMENTO MÚTUO

A radiância é uma via de mão dupla. Fique atento às pessoas de que se cerca, porque elas vão moldar você. Os pontos fortes e fracos delas podem ter tremenda influência em sua trajetória. É importantíssimo saber com quem você se relaciona, tanto no âmbito profissional quanto no pessoal.

Veja em seu Bullet Journal com quem você está passando seu tempo. Talvez já saiba como se sente em relação a essas pessoas, mas já considerou o efeito que têm sobre você? Comece a tomar notas sobre suas interações. Não se preocupe, não é esquisito: você só está prestando mais atenção em seus amigos e em como a radiância deles te afeta. Acrescente algumas observações sobre o jantar, encontro ou reunião quando chegar em casa. Foi divertido? O que você aprendeu? Passou a maior parte do tempo apenas escutando os problemas

RADIÂNCIA

deles... de novo? Como se sente quando está com essas pessoas?
Uma anotação rápida poderia sair assim:

o   Jantar com Becca no Evelina
    – Falamos sobre aspirações
    – Queremos ir a Portugal juntos
    – Queremos participar da organização da próxima festa
    – Sempre saio me sentindo motivado

Pode parecer estranho a princípio, mas registrar suas interações
pode lhe dar a oportunidade de articular algo que, de outro modo,
não seria possível. Nunca se sabe o que será revelado. Talvez perceba
que seu amigo é um vampiro de almas, porque você sempre sai do
encontro se sentindo exausto. Ou que é uma relação de mão única:
é sempre você quem liga e faz todo o esforço. Em contraste, pode
perceber que algumas pessoas te deixam inspirado, mais leve, ener-
gizado, contemplativo ou calmo. Seja qual for o caso, você está tomando mais consciência, e assim é capaz de gerenciar melhor seus
relacionamentos, inclusive distinguir quais valem a pena.

Pessoas negativas ou desmotivadas podem sabotar seus esforços
por uma vida com propósito. Tente ficar na companhia daquelas que
acha inspiradoras, motivadoras, desafiadoras (de um modo construtivo). Pergunte a si mesmo: O que posso aprender com elas? O
mundo é um pouco melhor porque estão em minha vida? Elas me
fazem querer ser melhor?

Como disse Joshua Fields Millburn, do Minimalists: "Você não
pode mudar as pessoas à sua volta, mas pode mudar as pessoas que
estão à sua volta".[53] É possível escolher com quem você passa seu
precioso tempo. Cerque-se de pessoas que querem o melhor para
você. Isso não quer dizer que elas sempre vão concordar com você ou

O MÉTODO BULLET JOURNAL

te apoiar. Encontre pessoas que desejam seu sucesso mesmo que isso implique conversas duras, discordância e posicionamento quando estiver errado ou sendo irracional. Todos precisamos ser enquadrados de tempos em tempos. Encontre pessoas que te desafiem a crescer a partir de um espaço de respeito mútuo, apreciação e carinho.

APRENDIZADO

Desafiar a si mesmo a crescer é a melhor forma de influenciar os outros positivamente. Para tanto, transforme o aprendizado deliberado em um foco permanente. Sim, a vida vai nos ensinar todo tipo de lição, aconteça o que acontecer. Mas buscar conhecimento conscientemente vai te ajudar a interagir com o mundo e expandi-lo de modos que, de outra forma, você nunca teria considerado.

Durante a reflexão, pergunte a si mesmo:

- *O que estou aprendendo?*
- *Que lição _____ [a situação ou relação] me ensinou ou me inspirou a aprender?*
- *Sobre o que quero saber mais? Como posso fazer isso?*

Inclua nos seus planos horários para leitura, aulas, conversas com amigos de confiança e mentores ou experiências enriquecedoras. Utilize o Bullet Journal para identificar as coisas que inspiram uma investigação futura. Assim que souber o que atrai seu interesse, estabeleça objetivos (p. 163). Você pode estruturá-los da mesma maneira que qualquer outro, mas criei um exemplo visual de como aplicar essa abordagem diretamente ao aprendizado.

A cada coisa que aprende, você se torna um indivíduo mais capaz, experiente e sólido. Vai agregar valor a qualquer um que esteja em sua presença — não pelo que fará pela pessoa, mas pelo que fez para iluminar a si mesmo.

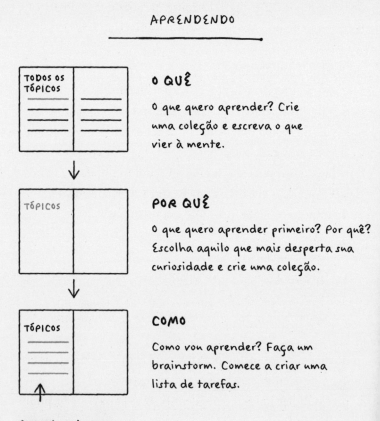

APRENDENDO

O QUÊ
O que quero aprender? Crie uma coleção e escreva o que vier à mente.

POR QUÊ
O que quero aprender primeiro? Por quê? Escolha aquilo que mais desperta sua curiosidade e crie uma coleção.

COMO
Como vou aprender? Faça um brainstorm. Comece a criar uma lista de tarefas.

Pergunte a si mesmo o que pode fazer para iniciar o processo. Talvez apenas reservar um tempo para pesquisa. Então comece!

PERSISTÊNCIA

Se souber o porquê, poderá viver como quiser.

Friedrich Nietzsche

Não sei quanto a vocês, mas eu odeio lavar louça. É idiota, eu sei. Já tentei transformar em uma prática de atenção plena, em uma forma de me desconectar, mas não funcionou. Foi minha tarefa doméstica durante anos na infância, o que tirou para sempre a graça dessa atividade.

Minha companheira queria aprender a cozinhar. O desenvolvimento dessa habilidade me obrigou a passar as noites lutando com a sujeira dos utensílios de cozinha. Seguíamos uma rotina. Ela chegava em casa e rapidamente desfazia todo o meu esforço da noite anterior. Então o pesadelo recomeçava.

Sim, eu devia ficar agradecido pelas refeições caseiras, principalmente porque ela trabalhava duro o dia todo, mas eu só ficava com raiva e me ressentia por passar meu limitado tempo livre limpando tudo após cada jantar.

Tudo mudou uma noite, quando a ouvi cantando.

Ela estava passando por um período muito difícil quando começou a cozinhar. Sua personalidade vibrante e graciosa, que havia me atraído desde o início, estava desaparecendo. Continuávamos nos

PERSISTÊNCIA

comunicando bem, mas ela estava vivendo algo que eu não podia mudar, o que só me deixava mais frustrado. Afinal, quando aqueles que amamos estão sofrendo, não aguentamos ficar sem fazer nada.

Uma noite, antes do jantar, fui surpreendido por uma melodia suave que flutuava pelo apartamento. Não entendi o que estava acontecendo, pois nunca a tinha ouvido cantar. Mas lá estava ela, cantarolando e balançando o corpo diante do fogão, preparando com calma a nossa refeição.

Foi então que me dei conta. Toda aquela história de cozinhar não tinha nada a ver com comida. Era sua forma de combater seus demônios e ao mesmo tempo me mostrar que se preocupava comigo. Era algo que ela podia controlar. Aquela imagem de serenidade não me saía da cabeça enquanto lavava a louça aquela noite. Percebi que tudo o que precisava fazer para ajudar — tudo o que podia fazer — era molhar as mãos.

Com o passar do tempo, ela melhorou. Comecei a aguardar ansiosamente seus pratos conforme ela voltava a ser quem era. Na verdade, aqueles jantares passaram a ser um lugar seguro que permitia que aprofundássemos nosso relacionamento. Quando as coisas ficavam difíceis e precisávamos conversar, um de nós cozinhava para o outro. Não importava quão difícil fosse a conversa, era sempre acompanhada desse esforço amoroso, sinal de respeito e carinho profundos. O que incluía lavar a louça, que também era a atividade de que ela menos gostava. Nada aprofunda mais um relacionamento do que ter um ódio em comum.

Passei a gostar de lavar louça? Não, mas me fez ver a importância dessa tarefa doméstica aparentemente servil. Eu a achava intolerável, mas de repente ela passou a acrescentar valor real à minha vida. O que mudou? Não foi o processo prosaico de lavar louça. Fui eu,

O MÉTODO BULLET JOURNAL

claro. A tarefa passou a ser importante para mim, e eu comecei a me esforçar mais. Um dia, minha companheira passou por mim quando eu estava lavando a louça depois da melhor refeição que já havia comido, me deu um beijo no rosto e disse: "Obrigada. Sei que teve muita louça hoje e que você odeia lavar, mas isso me ajuda muito. Faz com que eu me sinta amada".

Antes, quando eu pensava em definir e encontrar o que importava, imaginava que o que era realmente significativo exigiria de mim algum gesto dramático. Talvez tivesse que fazer as malas e procurar um ermitão iluminado em um canto frio e remoto da terra. Agora sei que podemos encontrar sentido muito mais perto de casa.

O significado pode se revelar nos momentos mais comuns, imprevisíveis e tranquilos. Se não prestarmos atenção no mundo à nossa volta e no mundo interior, não iremos notar que há encanto na rotina. Essa é uma habilidade que pode ser adquirida por meio do estudo, mas não em nível acadêmico. E o objeto desse estudo é nossa experiência.

Com frequência, atuamos inconscientemente. Nós passamos pela vida no piloto automático, parando poucas vezes para tentar entender por que certas coisas nos fazem sentir de determinada forma. Sem contexto pessoal, sem compreender como uma coisa acrescenta valor à sua vida, seus esforços vão parecer inúteis. O contexto ajuda a entender como algumas responsabilidades desagradáveis e até dolorosas podem trazer benefícios. Vamos ver algumas maneiras de trazer o contexto à tona.

PERSISTÊNCIA

NA PRÁTICA

PÁGINA DA CLAREZA

Sam Cawthorn, fundador do Speakers Tribe, disse certa vez: "As pessoas mais felizes não têm necessariamente o melhor de tudo, mas aproveitam tudo ao máximo".[54] Uma maneira poderosa de iniciar esse processo é reformular a rotina em nossa mente. Muitas tarefas não inspiram alegria à primeira vista: lavar roupa, finalizar um projeto, ir ao mercado etc. Em vez de focar na parte trabalhosa da ação, passe um momento se concentrando na experiência que ela proporciona. Lavar roupa significa toalhas gostosas após o banho, camisas limpas para trabalhar, lençóis macios para dormir à noite. Finalizar um projeto lhe dá uma sensação de satisfação por ter feito algo bem e garante que o salário continue caindo — parte do qual pode ser usado em uma viagem ao Havaí. Ir ao mercado implica uma refeição saborosa em sua mesa que permite viver momentos felizes com seus entes queridos.

Não se trata de pensamento positivo, mas de analisar sistematicamente seus esforços para definir o propósito de cada um. Não costumamos contextualizar nossa obrigações dessa forma. Para nos ajudar a ter consciência do porquê de estarmos fazendo o que estamos fazendo, podemos criar uma página da clareza no Bullet Journal. Identifique em seus registros diários as obrigações ou tarefas que apresentam mais dificuldade. Escolha uma delas e anote na esquerda da página. Por exemplo, pagar o aluguel:

Pagar aluguel me deprime porque parece um desperdício de dinheiro.

Certo, é fácil enxergar no pagamento do aluguel um ritual mensal

O MÉTODO BULLET JOURNAL

que consiste em enterrar seu suado dinheirinho no buraco gelado em que deveria estar o coração do proprietário. Mas certamente existe um motivo para você pagá-lo. Vamos equilibrar nossa percepção negativa dessa obrigação tirando um momento para focar no que você ama em sua casa.

Feche os olhos e evoque um ou dois detalhes que mantêm você morando ali, aqueles que transformam esse espaço em um lar. Sejam quais forem, escreva-os na margem oposta.

— A forma como o sol bate perto da cama de manhã

— O perfume do café entrando pelas janelas

— A boa localização em termos de transporte

Nenhum lugar é perfeito, mas se você está feliz com sua casa, *pagar o aluguel* pode ser reformulado como *o ato de se recompensar todos os meses*. Isso esclarece por que a tarefa é significativa.

Outro modo de encontrar significado é considerar aqueles que amamos. Talvez esse exercício tenha servido para você perceber que, na verdade, não gosta de sua casa (se for o caso, sinto muito; já passei por isso). Mas nem tudo está perdido. Pense como seu relacionamento com as pessoas influenciou sua mudança para esse lugar. Talvez essa casa tenha permitido que seus filhos estudassem em uma escola melhor. Talvez você tenha ido para mais perto do trabalho, passando assim menos tempo no transporte e mais tempo com os amigos. Seja o que for, anote.

Associar seus deveres às pessoas que ama é uma maneira de atribuir significado a eles. Ainda que não mude o fato de que essas responsabilidades são desagradáveis, essa conexão lhes dá algum propósito, tornando mais tolerável até mesmo a mais insuportável das tarefas.

PERSISTÊNCIA

PÁGINA DA CLAREZA

ACOMPANHANDO O PROGRESSO

Mas e se você tentar fazer esse exercício e não conseguir encontrar os benefícios ou o significado por trás de algumas das obrigações? Muitas coisas que fazemos não revelam seu valor imediatamente. O significado, como um péssimo convidado, quase sempre chega tarde, mas com uma ótima garrafa de vinho. Paciência é fundamental.

Se não estiver conseguindo encontrar propósito em determinada busca, fique de olho nela. Migrações mensais também podem ser utilizadas para acompanhar o progresso. Use-as para se conectar consigo mesmo e verificar se algo mudou.

Se finalmente chegar à conclusão de que uma obrigação não está acrescentando valor à sua vida ou que o esforço é muito maior do que o valor que ela agrega, então você acaba de identificar uma distração. Abandone-a. Se não conseguir, desconstrua-a (p. 223) e descubra as alternativas.

DESCONSTRUÇÃO

O que fica no caminho se torna o caminho.

Marco Aurélio

Um dos textos mais antigos de que temos conhecimento é o *Enûma Eliš*. Trata-se de um mito de criação babilônico que conta o embate de Marduque e Tiamat, uma fera parecida com um dragão, mãe de todos os monstros, que está determinada a destruir os deuses. Retrata uma batalha épica até a morte entre bem e mal, ordem e caos. Marduque mata Tiamat e depois começa a desmembrar seu corpo, usando as partes como base de toda a criação. As costelas se transformam no firmamento, a boca vira o oceano. Apesar de um pouco horripilante, é uma poderosa metáfora de como é possível desconstruir nossos desafios e usá-los para superar adversidades.

Quando me formei na faculdade, tive a sorte de conseguir o estágio dos meus sonhos. Eu tinha estudado design gráfico e escrita criativa e queria combinar essas habilidades trabalhando na criação de telas de créditos de filmes. O estágio consistia em trabalhar para o cara que estava encabeçando o ressurgimento dessa forma de arte. A obra dele era muito inspiradora.

DESCONSTRUÇÃO

Me mudei para Nova York com duas malas e fui morar em um porão cheio de mofo que eu pagava a duras penas, com dois outros jovens que já tinham se apossado dos quartos bons e um gato agitado que não ia com a minha cara. Era um pequeno preço a pagar por minha nova carreira.

Uma semana antes da data programada para o início do trabalho, liguei para o escritório para me inteirar dos últimos detalhes. Fiquei sabendo que, devido aos ataques ao World Trade Center, a empresa havia reduzido o quadro de funcionários. Resumindo a história, fui dispensado antes do meu primeiro dia e ninguém nem se deu ao trabalho de me avisar. De repente, eu era mais um recém-formado desempregado em Nova York, procurando trabalho em um dos mercados mais desoladores da história recente, durante um dos invernos mais rigorosos em décadas.

Por muitos meses, procurei emprego em vão. Minhas poucas economias evaporaram. Nos dias bons, eu me arrastava pela neve, carregando o portfólio no metrô lotado, e descongelava enquanto era interrogado, quer dizer, entrevistado por um funcionário entediado do RH para um trabalho para o qual eu não tinha qualificação. Nos dias ruins, simplesmente me sentava na frente do computador e me candidatava a qualquer emprego.

Uma manhã, acordei com um barulho estranho. Abri os olhos e notei que o chão estava se mexendo — não, o chão estava coberto de água! A neve tinha derretido durante a noite e entrado no meu quarto. Flutuando perto da cama estava meu portfólio, essencial para conseguir um emprego. Meu primeiro pensamento foi: pelo menos tenho cópia de tudo. Então vi, submerso ao lado do computador, o dispositivo em que eu fazia o backup. Naquela manhã eu perdi quase tudo que tinha.

O MÉTODO BULLET JOURNAL

Pouco depois, por questão de sobrevivência, aceitei o primeiro emprego que apareceu. Não tinha nada a ver com minha formação, mas eu estava duro e não tinha onde morar.

Na primeira semana, fiquei sabendo que meus predecessores haviam fugido ao gritos, e logo me dei conta do motivo. Minha principal função era compilar formulários de pedido dos livros em catálogo e listas com todas as obras que a editora havia publicado... centenas de milhares. Gosto de listas, mas aquilo era o inferno até mesmo para mim.

Não havia nenhuma tecnologia ou sistema que facilitasse o processo. Inevitavelmente alguma coisa saía errado e todos os dedos eram apontados para mim. Além do mais, eu tinha uma chefe abusiva que acabava sistematicamente com qualquer autoconfiança ou autoestima que eu tivesse. Uma vez ela gritou tão alto comigo (por algo que não era culpa minha) que as pessoas das salas vizinhas foram correndo ver o que estava acontecendo. Cheguei ao ponto de ficar com medo de ir trabalhar. Não sabia como, mas algo precisava mudar.

Voltei a fazer entrevistas para qualquer vaga que pudesse encontrar. Não deu certo. A verdade é que eu não tinha nada para mostrar. Tinha perdido meu portfólio, minha experiência só contava estágios de verão aleatórios e um emprego sem qualquer relação com minha formação. Assim, nem eu me contrataria! Engoli o orgulho e aceitei o fato de que teria que me tornar uma pessoa mais valorosa.

Em meu caderno — que ainda não era um Bullet Journal — comecei a mapear como estava passando meu tempo livre. Na internet, em grande parte. Comecei a monitorar o que estava vendo e me dei conta de que lia e aprendia sobre experiências interativas on--line. Havia um movimento embrionário de sites experimentais que misturavam arte, fotografia, vídeo e design para criar narrativas

DESCONSTRUÇÃO

fascinantes. Foi mais ou menos na mesma época que começaram a aparecer os sites pessoais, principalmente de artistas, designers e pequenas empresas.

Eu ainda estava me recuperando da inundação, e a ideia de ter meu trabalho on-line, bem longe das garras de proprietários de apartamento negligentes e de catástrofes diluvianas, me agradava muito. Além disso, vários amigos tinham me perguntado se eu podia criar o site das empresas onde trabalhavam. Talvez houvesse algum dinheiro em jogo.

Juntei o que restava de meu salário risível e comecei a fazer aulas no então novo campo do web design. Algumas noites por semana, eu me arrastava para a sala sem janela, exausto devido às horas de trabalho, mas motivado. Pela primeira vez em muito tempo estava trabalhando em algo que reverberava em mim. Aprendi a programar sites rudimentares. Agarrei todas as oportunidades que se apresentaram. Primeiro, fiz o site de um restaurante da região, depois um para a banda de um dos barman, e assim por diante. Após um tempo, tinha trabalho suficiente como freelancer para pedir demissão e me concentrar em uma carreira inteiramente nova.

Embora eu não possa dizer que tracei esse caminho com destreza ou por vontade própria, essa experiência me ensinou que é muito fácil ter a sensação de que somos reféns de nossas obrigações. Impostos, aluguel, cuidados com um familiar doente, pagamentos de empréstimos estudantis são os dragões de nossa vida. Podemos nos encolher de medo, ficar com raiva do destino, bancar o mártir ou chafurdar na autopiedade enquanto esperamos os céus se abrirem em um passe de mágica para sermos resgatados. Ou podemos partir para a briga.

O MÉTODO BULLET JOURNAL

NA PRÁTICA

Temos uma tendência a exagerar nossos problemas. Não importa quão ruim algo seja, é provável que em nossa mente pareça muito pior. Uma situação pode parecer exaustiva e nos fazer acreditar que somos impotentes e indefesos, mas nunca é verdade. Por mais lúgubre ou ameaçadora que possa parecer, ela nunca nos domina por completo. Não tira nossa liberdade de reagir e nosso poder de agir.

Mesmo a menor das ações pode começar a mudar as circunstâncias. Nesse caso, a ação pode ser simplesmente parar e examinar o problema, de modo a começar a desconstruí-lo. Para isso, vamos usar uma técnica conhecida como Cinco Porquês.

OS CINCO PORQUÊS

Sakichi Toyoda, fundador da Toyota e pai da revolução industrial japonesa, inventou essa técnica para averiguar falhas técnicas no processo de manufatura. Trata-se de um método simples para descobrir as causas de qualquer problema e expor oportunidades inesperadas. Ele consiste em dividir um problema aparentemente grande em seus componentes individuais.

No Bullet Journal, podemos usar a mesma abordagem para encarar nossos desafios. Inicie uma nova coleção e a nomeie de acordo com o problema: "Não consigo pagar o aluguel". Então se pergunte por quê. Escreva a resposta. Depois, se desafie perguntando por que mais uma vez. Faça o mesmo com a resposta seguinte, e assim por diante, até perfazer cinco vezes.

DESCONSTRUÇÃO

NÃO CONSIGO PAGAR O ALUGUEL.

1. Por quê? Porque não tenho dinheiro.
2. Por quê? Porque o aluguel é caro.
3. Por quê? Porque moro em um bairro bom.
4. Por quê? Porque gosto dessa região.
5. Por quê? Porque tem pessoas legais, boas lojas e restaurantes e me transmite segurança.

Desconstruímos um grande desafio em componentes menores, que podemos abordar um a um. Acima de tudo, nesse exemplo também podemos indicar os valores subjacentes ameaçados pela situação. Ao desconstruir um desafio, não raro você descobre o que *realmente* estava em jogo. Nesse caso, não se trata do aluguel, mas de perder a sensação de segurança e alguns prazeres. Essas duas informações podem ser usadas em seu plano de ataque.

PLANO DE ATAQUE

Com a lista de motivos pronta, o passo seguinte é descobrir quais são as suas opções. Naturalmente, isso é feito criando uma nova lista. Você pode fazer isso na página ao lado da sua coleção "Não consigo pagar o aluguel".

Se o problema é falta de dinheiro, você pode começar a listar formas de resolver isso. Algumas que me vêm à mente são:

1. Pedir um aumento.
2. Procurar um emprego com salário melhor.
3. Arrumar alguém com quem dividir o apartamento.
4. Mudar para um bairro mais barato.
5. Fazer um curso para melhorar o currículo.

O MÉTODO BULLET JOURNAL

Agora sim estamos fazendo algum progresso! Você parou de se ver como vítima de um problema e passou a focar em possíveis soluções. Cada uma é um caminho a se seguir. Com as opções claramente listadas à sua frente, você pode escolher a que mais te anima. Digamos que seja "Fazer um curso para melhorar o currículo". Esse é seu objetivo. Encontre a próxima página dupla em branco em seu caderno e crie uma subcoleção (p. 114) dedicada a ele. Divida-o em etapas viáveis, como: pesquisar campos de interesse, encontrar as escolas que oferecem o curso, matricular-se em uma aula, e assim por diante. Esse é seu plano de ataque. Cada tarefa que concluir é um golpe de sucesso na batalha contra seu dragão.

A vida é cheia de dragões. Quanto mais eles vivem, maiores ficam, se alimentando de desgraças, de ressentimentos e da sensação de impotência. Encare-os. Mire seus olhos grandes e assustadores; ali você verá seu próprio reflexo. Nossos desafios são espelhos, expondo nossas vulnerabilidades, inseguranças, fraquezas e medos. Por mais difícil que seja, não desvie o rosto. Analise-os e os encare com curiosidade para descobrir um caminho a trilhar. Sua coragem pode ser recompensada com oportunidades de crescimento pessoal ou profissional que, de outra forma, não estariam acessíveis.

Meu dragão era meu emprego. Ele me aterrorizava. Incorporava todas as coisas a que, ingenuamente, eu havia jurado nunca me submeter: um cargo sem perspectiva de crescimento e pouquíssimo criativo. Mas eu precisava pagar as contas, então o aceitei. Fiquei tão preso a meu próprio sofrimento que me esqueci de uma verdade simples: enquanto nosso coração bate, sempre há uma oportunidade.

Finalmente, depois de outra sessão de abuso verbal particularmente selvagem por parte da minha chefe, cheguei ao meu limite. Estava cansado de ser vítima, não apenas dela, mas de meus pontos

DESCONSTRUÇÃO

fracos. E de sentir pena de mim mesmo, de me julgar impotente. O sofrimento era culpa minha — como se enfrentar a terrível situação me transformasse em algum tipo de mártir. Era ridículo e imaturo. Eu estava apenas tentando ignorar o fato de que a solução teria que partir de mim.

Comecei estabelecendo um objetivo: arrumar um novo emprego. Quando percebi que aquilo não aconteceria porque eu não tinha nada para apresentar, estabeleci mais um objetivo: aprender a fazer sites.

Foi quando comecei a usar meu dragão — meu emprego — contra mim mesmo. O salário baixo pagava as aulas. O abuso e a falta de sentido do trabalho me motivavam a me arrastar para assistir às aulas à noite. Por mais difícil que fosse, cada aula era como uma pequena vitória. Finalmente, consegui dar o golpe derradeiro, não com uma espada, mas com uma concisa carta de demissão impressa em papel deformado pela inundação.

Hoje, quando as coisas não estão saindo como quero ou quando preciso trabalhar em algo que não me empolga, me lembro do meu Tiamat. Olho em volta e vejo todas as coisas que consegui a partir daquela experiência única. Ela me obrigou a aprender a programar, o que me levou a uma carreira gratificante como web designer, o que forneceu o conhecimento prático de que eu precisava para lançar o bulletjournal.com, que resultou no privilégio de escrever este livro e compartilhar o método com você.

INÉRCIA

Ou encontrarei um caminho ou farei um.

Aníbal Barca

No capítulo "Objetivos" (p. 163), falamos sobre dividir grandes desafios em partes menores e mais fáceis de gerenciar. Mas o que acontece quando empacamos? Talvez por um problema, pela falta de motivação, pela dificuldade de encontrar um jeito de seguir adiante com um projeto ou em um relacionamento. Independentemente do motivo, você fica frustrado devido à sensação de inércia. O que fazer? Aqui vão duas técnicas que acho muito úteis para retomar a força de tração.

NA PRÁTICA

O PATINHO DE BORRACHA

Uma amiga dona de uma pequena empresa bem-sucedida estava querendo abrir outra unidade. Ela pediu um empréstimo para financiar o novo espaço. Embora já administrasse três filiais lucrativas, o banco recusou o pedido. Chateada, ela ligou para o contador e desabafou. Tim-tim por tim-tim, ela explicou o que estava tentando realizar. Ao

INÉRCIA

fazer isso, começou a perceber que seu objetivo não era abrir aquela unidade específica, mas ampliar os negócios. Então optou por criar cinco pequenos quiosques para testar quais locais eram mais movimentados. Tinha fundos para isso, sem precisar de apoio externo. Ou seja, encontrou uma solução na hora que explicou o problema.

Esse processo, conhecido como "patinho de borracha", teve origem no livro *O programador pragmático*, de Andrew Hunt e David Thomas. Os autores contam a história de um desenvolvedor que resolve problemas em seu código explicando-o linha por linha a um patinho de borracha. Sim, aqueles amarelinhos com que crianças brincam na banheira.

Tendemos a perder a objetividade quando estamos pensando. Ao explicar o problema em detalhes para alguém (ou algo), somos obrigados a mudar a perspectiva, vendo-o de cima, por assim dizer, e não das profundezas do buraco mental em que nos enfiamos.

Se não houver ninguém por perto para ouvir você, sente-se na companhia do seu Bullet Journal e escreva uma carta que começa com "Querido patinho", ou para outra entidade benigna, confiável e tolerante. Conte a ele:

- Seu problema
- O que não está dando certo
- Por que não está dando certo
- O que você já tentou
- O que ainda não tentou
- O que gostaria que acontecesse

A parte importante é tirar tudo da sua cabeça. Elabore as explicações com cuidado e paciência. Faça isso com o entendimento de

O MÉTODO BULLET JOURNAL

que essa entidade pode não ter todas as informações que você tem. A boa comunicação faz a ponte entre a informação e a compreensão. No processo de comunicar cuidadosamente o problema, você pode encontrar a solução. E se uma carta para seu patinho de borracha, panda de pelúcia, grampeador ou Chad não resolver, podemos tentar outra coisa...

TAREFA DE INTERVALO

Se está acompanhando o livro na ordem, a esta altura já deve ter um coleção de objetivos estruturada. Essa coleção pode ser uma ótima inspiração quando você estiver travado ou se sentindo desmotivado. Quando você está de fato empacado ou sem ideias, é porque provavelmente perdeu a perspectiva. Talvez não consiga mais enxergar um caminho porque está perto demais do objeto. Para retomar o fôlego, pode ser útil se desconectar por ora e se concentrar em outra coisa. Para isso, existe aquilo que gosto de chamar de "tarefa de intervalo".

Parecidas com as partes menores nas quais dividimos objetivos e projetos (p. 170), tarefas de intervalo são microprojetos independentes, criadas com o único propósito de ajudar sua mente a destravar. Uma tarefa de intervalo pode ser configurada em seu Bullet Journal da mesma maneira que qualquer outra, mas tem um conjunto de regras ligeiramente diferente:

1. **Deve levar duas semanas ou menos para ser concluída.** Você precisa de um tempo, mas não quer perder o fio da meada no projeto principal.
2. **Não deve ter relação com o projeto que está causando problemas.** Você e seu projeto principal precisam de espaço.

Não estão se separando, apenas dando "um tempo" muito bem-vindo.
3. **É essencial que tenha um fim definido (início e meio também).** Quando estamos travados, a sensação de inércia suga nossa motivação. Um objetivo é proporcionar a satisfação de riscar a última tarefa, de ter a sensação de completude. A lembrança de como é isso pode reabastecer rapidamente sua motivação.

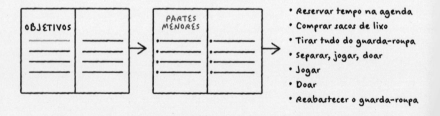

Faça aquele curso on-line, escreva aquele artigo, organize suas pastas de fotos, arrume o guarda-roupa, se ofereça para ajudar os colegas. Depende de você. Apenas se certifique de que seja algo que suscite sua curiosidade.

Ao final da tarefa de intervalo, você terá sido exposto a algo novo. Terá usado a mente de uma forma diferente, pensando em coisas que jamais pensaria em outra situação. Cada nova experiência nos ajuda a crescer e fornece outra perspectiva. Você vai se

O MÉTODO BULLET JOURNAL

sentir ligeiramente mudado em relação à última vez que tentou encarar aquele desafio que te fez travar. E isso pode fazer toda a diferença.

IMPERFEIÇÃO

*Tudo tem uma rachadura,
é assim que a luz entra.*

Leonard Cohen

As festas de fim de ano já haviam passado, deixando vazias as ruas normalmente lotadas de Nova York. Era como se a cidade inteira estivesse hibernando para lutar contra o inverno melancólico que viria.

Minha então companheira e eu estávamos passando por um momento difícil, de modo que resolvi planejar uma noite romântica em casa. Havia localizado aquela garrafa de vinho que tínhamos tomado em nosso restaurante preferido, agora fechado. O cardápio seria nhoque de batata-doce caseiro. Eu nunca tinha feito, mas sabia que ela adorava. Não devia ser tão difícil.

Mas acabou sendo. Deu tudo errado, e eu tive que recomeçar... algumas vezes. Passei horas desnorteado pela receita, com o rosto tão contorcido quanto as batatas-doces. As horas corriam e eu fui ficando cada vez mais irritado e agitado. A imagem da minha companheira chegando em casa e encontrando uma mesa perfeitamente arrumada, com velas acesas e música suave tocando ao fundo, era um sonho cada vez mais distante.

O MÉTODO BULLET JOURNAL

Mas consegui terminar, ainda que por um triz. Ela entrou, viu a mesa, largou todas as sacolas e pulou nos meus braços, enterrando o rosto frio em meu peito. Quando olhou para mim, seu enorme sorriso desapareceu. Ela me perguntou o que havia de errado. "Nada", respondi com tristeza, limpando a farinha da calça.

Sentamos e ela começou a elogiar tudo. Ou pelo menos acho que fez isso. Estava ocupado demais remoendo todos os erros que havia cometido ao preparar a refeição. Isso não estava devidamente cozido, aquilo estava frio demais... Eu comparava a realidade com a expectativa, a imagem perfeita em minha mente. A única coisa que não consegui ver era como ela havia ficado encantada com o gesto e como aquela alegria foi desaparecendo conforme eu resmungava. Consegui estragar o ingrediente mais importante do jantar: o tempo que passaríamos juntos. Só porque eu queria que tudo fosse perfeito.

Perfeição é um conceito antinatural e prejudicial. Antinatural porque, até onde eu sei, não existe nada no mundo físico que se adapte à nossa definição de perfeição: algo sem defeitos, que não pode ser aprimorado. Nem nossos padrões de medida. O Protótipo Internacional do Quilograma, também conhecido carinhosamente como Le Grand K (ele foi criado na França), foi o objeto físico que estabeleceu o padrão para uma das medidas de peso mais utilizadas no mundo. Réplicas foram enviadas para outros países o tomarem por parâmetro. Pouco depois se observou que, com o tempo, a massa de cada um desses objetos "perfeitos" havia mudado. Esse é um grave problema para um padrão de peso. Afinal, o que é absolutamente perfeito não deve mudar. É por isso que, hoje, esses padrões são expressados por meio de equações e conceitos.

Agora você talvez diga: "E se eu tirar dez na prova de matemática? Teria feito uma prova perfeita!". Suas respostas podem estar

IMPERFEIÇÃO

corretas, mas e as perguntas? Qual era o objetivo da prova? Trata-se de um meio perfeito de avaliar seus conhecimentos? Não. Provas são, na melhor das hipóteses, aproximações. Muita gente vai bem em provas e tem um péssimo desempenho na vida real. E vice-versa.

Pode-se argumentar que a perfeição existe apenas em conceitos intangíveis, teorias e crenças usadas para definir o ideal, o permanente, o divino. Por que estou insistindo nessa questão? Porque a ideia de perfeição muitas vezes sabota nossa capacidade de nos tornar quem temos potencial para ser.

Somos criaturas maravilhosas e imperfeitas — poucas coisas deixam isso tão claro quanto a invenção de padrões inatingíveis que impomos a nós mesmos. Dessa forma, nossas aspirações costumam fracassar desde o começo por causa de nossa incapacidade de viver à altura dos ideais distorcidos que estabelecemos para nossos corpos, mentes, realizações e relacionamentos.

A incapacidade de ser perfeito é um dos principais motivos da autodepreciação. É o oposto do propósito, e gastamos tempo e energia desfazendo nosso progresso. Rasgamos planos, retomamos comportamentos contraproducentes e damos corda ao crítico que habita em nós.

O grande erro é acreditar que a alternativa à perfeição é o fracasso. Felizmente, a vida não é binária. De um lado, o inatingível: perfeição. Do lado oposto, o inevitável: caos. A beleza do mundo, no entanto, está no equilíbrio.

No Japão existe o conceito de *wabi-sabi*. Ele prega que a beleza de um objeto está em sua imperfeição. Em contraste direto com a perspectiva ocidental, que tende a fundir perfeição e beleza, o termo japonês celebra a transitoriedade, a individualidade e a natureza falha das coisas. É isso que as torna únicas, genuínas e belas. As rachaduras no vaso, a deformação na madeira, as folhas sobre a pedra, a mancha de tinta... O *wabi-sabi* reflete as filosofias budistas, em que a sabedoria consiste em fazer as pazes com nossa natureza falível.

Aceitar nossa imperfeição restitui a ênfase ao lugar onde deveria estar: na melhoria contínua. Com base nesse pensamentos, os erros deixam de ser minas terrestres e se tornam placas de rua indicando a direção que devemos seguir.

> *Celebrando a transitoriedade e a mutação universal, o **wabi-sabi** defende um caminho complacente com possibilidades de progresso ilimitadas.*

NA PRÁTICA

PRATICANDO A IMPERFEIÇÃO

Talvez você esteja pensando: já estou bem ciente da minha humanidade, não preciso praticar a imperfeição. Não se trata de cometer erros de propósito, mas de reformular sua reação a eles. Na meditação, o objetivo, se é que há um, é estar presente. Ao nos desembaraçarmos de nossos pensamentos, podemos vê-los de maneira objetiva. É mais fácil falar do que fazer.

Até mesmo os mais experientes praticantes de meditação são consumidos por seus pensamentos de tempos em tempos. Para conseguir sair de um pensamento, o segredo é *perceber* que você está preso. E mais: é ver nas divagações da mente não um erro, mas uma oportunidade. Toda vez que você volta ao presente, fortalece ligeiramente

IMPERFEIÇÃO

sua capacidade de foco. Dessa forma, começa a aceitar uma falha com curiosidade, e não julgamento.

Você é o tipo de pessoa que se esforça para ter um caderno perfeito? Talvez não tenha uma caligrafia muito boa, ou lhe faltem dotes artísticos para embelezá-lo. Isso importa? Só se você assim desejar. Você poderia olhar para seu caderno como a prova de suas imperfeições ou como um testemunho de sua coragem. As linhas tortas e letras tremidas pintam a imagem de alguém que está se esforçando para fazer uma mudança positiva na vida. Pode não ser perfeito, mas é de uma beleza inquestionável.

Você abandona cadernos quando comete algum erro? Nesse caso, tente criar uma coleção "Imperfeição". Reserve um espaço para simplesmente deixar rolar. Você pode começar escrevendo seu nome com a outra mão. Rabisque, desenhe, faça o que quiser. Faça o que teme que deixará seu caderno com falhas. Isso torna seu Bullet Journal menos valioso? Não. Pode-se até dizer que agora sim ele é único. Sempre que você se perceber obcecado pela perfeição, volte para lá e alivie a pressão.

Ao aceitar que não podemos ser perfeitos e que vamos falhar, podemos voltar ao trabalho.

MUDANÇA BOA

Seria o desenvolvimento pessoal uma luta pela perfeição? Depende do objetivo. Em vez de focar na perfeição ou se esforçar para ser melhor que os outros, encontre oportunidades de se aprimorar continuamente. Como teria escrito W. L. Sheldon: "Não há nada nobre

O MÉTODO BULLET JOURNAL

em ser superior a seu semelhante; a verdadeira nobreza está em ser superior a seu antigo eu".

Para apreciar verdadeiramente o *wabi-sabi* como modelo de crescimento pessoal, é válido olhar com um pouco mais de atenção para a cultura que o originou. Os japoneses têm um longo histórico de elevar o artesanato a níveis desconcertantes, seja carpintaria, ferragem ou embalagem de produto. A maior ênfase foi colocada no domínio das técnicas, e não na perfeição. O domínio, ao contrário da perfeição, aceita tanto a transitoriedade quanto a imperfeição, porque se trata de um processo, um estado — não um objetivo. É o resultado contínuo do aperfeiçoamento e do aprendizado. O jornalista Malcolm Gladwell, citando Daniel Levitin, ficou famoso ao descrever a regra das 10 mil horas, segundo a qual é preciso praticar qualquer coisa durante 10 mil horas para dominá-la.[55] Os aprendizes japoneses podem levar uma vida toda.

O domínio substitui a noção de perfeição pela aspiração de buscar o aprimoramento pessoal por meio da dedicação e da prática. Quando se trata de habilidade, não pode haver um ponto fixo. Mesmo os maiores mestres permanecem alunos ávidos. Suas habilidades, assim como as nossas, se desenvolvem com o tempo. Todos começaram em algum lugar, e é provável que seus primeiros esforços tenham sido tão desajeitados quanto seriam os nossos.

Todos os dias, faça perguntas simples a si mesmo. Descubra algum modo de se aprimorar. Depois formate a resposta como uma tarefa ou objetivo e registre no Bullet Journal. Dessa forma, as chances de colocá-los em prática são maiores.

Toda ação é um passo à frente em relação a onde você estava. Não importa o tamanho do passo ou que você tropece no caminho. O que importa é que continue caminhando.

PARTE IV

A ARTE

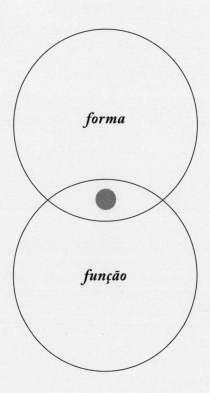

INTRODUÇÃO

Recentemente, tive uma terrível aula de capoeira. Atravessei uma tempestade tropical para chegar ao galpão em meio à selva e cheio de goteiras onde era dada a aula. Apenas quatro pessoas se ensoparam naquela chuva — eu, outra aluna e dois professores que estavam muito chapados. Eles resmungaram uma apresentação e perguntaram se tínhamos alguma experiência. Minha colega admitiu que nunca tinha ouvido falar de capoeira até aquela manhã. A dupla não tão dinâmica se entreolhou indecisa, então começou de forma preguiçosa a demonstrar movimentos aparentemente aleatórios. Minha colega e eu ficamos ali, desconfortáveis, sem entender o que devíamos fazer.

Quando finalmente ocorreu aos instrutores de fato instruir, eles pediram que imitássemos seus movimentos. Como não foram capazes de nos oferecer nenhum contexto, tudo parecia meio ridículo. Para um olho leigo, muitos daqueles gestos básicos pareciam os movimentos de um bêbado entusiasmado procurando uma chave que caiu no chão. (Bem, pelo menos era o que *eu* parecia.) Foi só no final da aula, quando os professores por fim jogaram um com o outro, unindo todos os gestos em uma sequência coesa e bela, que as peças afinal se juntaram. No fim das contas, aprendemos muita

INTRODUÇÃO

coisa nas duas horas que passamos lá, mas não percebemos isso até que tudo fosse colocado no lugar — com um contexto.

Avançamos bastante até este ponto do livro, mas há muitas peças rodopiando de forma confusa. Você pode estar se sentindo mais ou menos como eu me senti na aula de capoeira, observando algo sem saber muito bem como proceder. Então quero garantir que, ao contrário dos meus instrutores, eu demonstre como o sistema e a prática funcionam juntos.

"Se der um peixe a um homem faminto, vai alimentá-lo por um dia. Se o ensinar a pescar, vai alimentá-lo toda a vida", diz o provérbio. No método Bullet Journal, o sistema é a vara. A prática fornece a linha e a isca. São duas partes separadas que só podem ser apreciadas em sua plenitude quando vistas em ação. Uma forma poderosa de experimentar isso e aprofundar seu conhecimento é aprendendo a personalizar suas próprias coleções.

Dessa forma, você torna um BuJo algo só seu. No processo, põe em prática todos os elementos que discutimos até agora. É parte organização, parte exame de consciência, parte criação de sonhos. Quando combinados em plena consciência, tais ingredientes permitirão que remodele constantemente seu Bullet Journal e o transforme em uma ferramenta que pode te ajudar a fazer muito mais do que apenas organizar seu caos. É assim que alavancamos a flexibilidade desta metodologia para desenhar um caminho na direção do que reluz com um propósito.

Uma das coisas que sempre me leva de volta ao Bullet Journal, permitindo que permaneça relevante depois de todos esses anos, é a maneira como continua a se adaptar às minhas necessidades. Seu BuJo pode se tornar o que você precisar que ele seja. Descobrir o que

O MÉTODO BULLET JOURNAL

é isso e como ele pode te servir melhor é parte da prática e vai mudar com o tempo.

Nesta parte do livro, examinaremos como fazer isso trabalhando em um projeto que requer contemplar diferentes tipos de conteúdo. Isso vai nos ajudar a explorar formas diferentes de usar o Bullet Journal para desconstruir desafios e criar modelos que vão nos ajudar a organizar um plano de ação.

Em vez de estabelecer normas, estes capítulos servem para destacar considerações que, espero, vão se mostrar úteis quando você começar a fazer seu Bullet Journal.

Ressalva

Por mais empolgante que possa parecer mergulhar de cabeça na personalização, se o Bullet Journal for novidade para você, sugiro que evite implementar suas próprias coleções até que esteja confortável usando o que aprendeu. Recomendo pelo menos dois ou três meses com um Bullet Journal básico para depois fazer experiências. É importante que se sinta confortável com as funções cotidianas da metodologia antes de acrescentar coisas. Se está começando agora, esta seção pretende oferecer um vislumbre de como você poderá ampliar a funcionalidade de seus Bullet Journals mais para a frente.

Cada ferramenta e técnica servem a um propósito, tanto quando consideradas à parte como quando integrantes de um todo. Esse método é um ecossistema de produtividade composto de diferentes técnicas e filosofias. Cada uma ajuda as demais a prosperar. Antes de introduzir uma nova espécie, recomendo fortemente que entenda melhor a população local. Assim que fizer isso, suas chances de

INTRODUÇÃO

personalizar a prática do Bullet Journal de um modo que lhe traga frutos aumentarão.

CONCEITOS-CHAVE

mplie seu BuJo com coleções personalizadas

eu Bullet Journal pode se tornar qualquer coisa
e que precisar. Descobrir do que precisa é parte
a prática. Uma linha geral simples é...

---

s coleções personalizadas devem servir a um opósito

rtifique-se de que as coleções que você acrescentar
reguem valor à sua vida. Produtividade consiste em
vestir seu tempo com cuidado. Se tiver dificuldades...

---

fina suas motivações

tes de descobrir a melhor maneira de fazer
o, deixe claro o motivo.

---

de seu esforço

a coleção é uma tentativa de aprender.
portante estudar suas coleções, tanto as que
ionaram como as que fracassaram, para ver o
vale levar para a próxima tentativa.

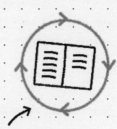

Repita não só aquilo em que você está trabalhando no momento, mas também a abordagem que está usando!

CONCEITOS-CHAVE

Menos é mais

A funcionalidade prevalece sobre a forma

Seu caderno não precisa ser bonito para ter valor. O design sempre deve servir a um propósito. Se por acaso também for bonito, ótimo! Desde que isso não atrapalhe.

Seu design deve sobreviver ao tempo

Seu caderno conta a história da sua vida. Garanta que seus designs tornem essa história fácil de acompanhar, tanto hoje quanto daqui a anos.

Comunidade

Um dos recursos mais valiosos do Bullet Journal é sua comunidade. Ela contribui com inúmeros exemplos e aplicações. Se estiver travado ou precisando de inspiração, procure em sua rede social favorita pelas hashtags:

#bulletjournal ou **#bujo**

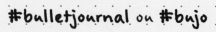

aprenda a comparti
aprenda a apren

250

COLEÇÕES PERSONALIZADAS

*O conteúdo precede o design. Design na ausência
de conteúdo não é design, é decoração.*

JEFFREY ZELDMAN

Na maioria dos casos, as quatro coleções principais (índice, registro futuro, registro mensal e registro diário) já bastam. Mas o Bullet Journal adota a filosofia de que o que é bom para um nem sempre é bom para todos. E se você precisar monitorar alguma coisa de uma forma que não foi apresentada neste livro? É aí que entram as coleções personalizadas.

---

*Uma coleção personalizada é estruturada para
atender a uma necessidade específica.*

Pode ser tão simples quanto uma lista de compras ou tão complicado quanto um projeto no longo prazo. Criar coleções personalizadas é um aspecto criativo, divertido e recompensador do Bullet Journal, porque você confere a si mesmo o poder de resolver seus próprios desafios!

COLEÇÕES PERSONALIZADAS

Enquanto o registro diário é projetado para uma variedade de situações, as coleções personalizadas devem servir a um propósito específico, em vez de simplesmente juntar conteúdo. Evite ser um acumulador de informação! Eu mesmo já cometi esse crime, criando coleções para monitorar os programas de TV a que assistia, os restaurantes que frequentei e outras minúcias. Chamo essas coleções de "gavetas de bugigangas". Não há nada de errado em acompanhar o que você anda fazendo, contanto que planeje usar a informação para algo construtivo. Uma aspirante a cineasta pode querer monitorar os filmes a que assistiu como parte de seu ensino: estou abusando de thrillers e ignorando comédias? Alguém que sempre acha desculpas para não ir à academia pode monitorar os dados de exercícios e os marcos da condição física como uma forma de encorajar o progresso contínuo ou identificar tendências em seus vacilos. (Feriados? Noites de pôquer? Mais um encontro às cegas que deu errado?) As gavetas de bugigangas, em contraste, têm vida curta, porque não proporcionam discernimento.

Se não há nada a ser aprendido com a informação de uma página, ela oferece pouco valor, e é provável que faltará o incentivo necessário para mantê-la. Não desperdice seu tempo com coleções que não acrescentarão valor à sua vida.

O MÉTODO BULLET JOURNAL

Três fontes-chave para coleções personalizadas

1. Objetivos

Objetivos são importantes porque contêm (ou deveriam conter) a promessa de sentido, proporcionando direção e propósito. Também tendem a ser complexos e dividir-se em muitos componentes intercambiáveis. As coleções personalizadas nos ajudam a desmembrar um objetivo em elementos que poderemos atacar individualmente.

2. Desafios

Existe algum âmbito da sua vida que te deixa constantemente irritado, ansioso, sobrecarregado ou excessivamente autocrítico? Pintou alguma coisa que precisa de sua atenção, como uma viagem? Assim que descobrir qual é o desafio, criar uma coleção personalizada para tratar dele poderá ser muito útil. Ela vai proporcionar um espaço exclusivo que vai te ajudar a agrupar e esclarecer seus pensamentos para que você possa se concentrar em desenvolver uma solução e mapear seu progresso.

3. Tarefas

Muitas coleções começam parecendo simples tarefas, como "• Planejar férias". Durante suas reflexões diárias (p. 146), você talvez identifique tarefas que contenham uma multiplicidade de outras. A que usamos como exemplo tem muitas partes que você pode manejar. Se você mantiver essa tarefa como um item só, ela parecerá opressora, perigando virar mais um objeto de procrastinação e, no fim das contas, um perfeito catalisador de ansiedade. Planejar as férias deve ser

COLEÇÕES PERSONALIZADAS

motivo de animação, não angústia. Então vamos escolher isso para nosso projeto de coleção personalizada.

Um rápido parêntese: planejar as férias também acaba sendo um exemplo de como podemos ativar o sistema neuroquímico de recompensas em nosso cérebro por meio da organização. Estudos sugerem que esperar ansiosamente por eventos divertidos pode funcionar como um método eficaz para elevar nosso humor e nossa sensação de bem-estar.[56] A expectativa que antecede a viagem pode se provar estimulante e animadora. Isso é especialmente útil quando estamos atravessando um período desafiador em outras áreas. Ao planejar, estabelecemos um curso para um futuro reluzente e nos aquecemos com o brilho que estamos seguindo.

Primeiros passos

Para dar a partida neste projeto, vamos criar nossa primeira coleção personalizada. É só abrir na próxima página dupla em branco do seu caderno e inserir o tópico: "Férias no Havaí". Parece uma alternativa adorável ao Brooklyn, que, enquanto escrevo, está sendo atingido por mais uma tempestade de neve colossal vindo do noroeste... e no primeiro dia da primavera.

Brainstorm

Gosto de dar o pontapé inicial de cada projeto usando as primeiras páginas da minha coleção para brainstorm: duas páginas dedicadas a coletar as ideias iniciais, independentemente da forma como surjam, sejam palavras avulsas, imagens, mapas mentais etc. Essas páginas

O MÉTODO BULLET JOURNAL

servem para que você descarregue suas ideias, se empolgue e veja o que consegue liberar por meio da livre associação.

Mas às vezes estamos tão presos ao cotidiano (tanto no que fazemos quanto no que pensamos) que esse tipo de atividade pode parecer aterrorizante, o que torna difícil saber por onde começar. Se esse é seu caso, continue lendo.

Analise suas motivações

Quando se cria uma coleção para um projeto — seja escrever um livro, redecorar o porão ou planejar as férias —, um bom lugar para começar é analisando nossa motivação. Por que estamos assumindo esse projeto? Para comunicar algo de vital importância para nós? Para ter mais bons momentos com a família? Para relaxar e se refrescar surfando e/ou respirando o ar da floresta? Tanto faz. Só queremos dar a partida nos motores para que possamos desenterrar a causa oculta de nossa motivação.

E por que é tão importante chegar à causa oculta? A motivação não existe no vácuo. Ela é resultado de dor, frustração ou desejo. Seja qual for o caso, precisamos trazê-la à tona para garantir que nossos esforços não sejam mal direcionados. Ao identificar nossas verdadeiras motivações, aumentamos o potencial impacto de nossas ações.

Em outras palavras, entender por que você
se sente compelido a fazer algo vai
te ajudar a definir melhor como fazê-lo.

Como mencionei antes, a primeira oportunidade de esclarecer nossa intenção é parar para pensar no nome de um tópico que capte

COLEÇÕES PERSONALIZADAS

a essência do projeto. Mas às vezes precisamos de um pouco mais de detalhes. Em tempos como estes, pode ser útil escrever uma breve declaração de intenções para definir *por que* estamos fazendo alguma coisa, *o que* esperamos tirar da experiência e *como* a tornaremos realidade. Você pode usar este modelo, se julgar conveniente:

Eu quero _____ [o quê] para _____ [porquê] ao _____ [como].

Então, nesse caso, nossa declaração pode ser:

Eu quero sair de férias para relaxar ao não estar no escritório.

Bem, embora não haja nada de errado com a declaração acima, com um pouco mais de atenção ela pode ajudar a descobrir se a viagem se conecta com algo que tenha algum significado para você. Afinal de contas, para sair do escritório você não precisa necessariamente viajar. O que nessa viagem realmente te entusiasma? Podemos usar os Cinco Porquês (p. 227) para nos ajudar a ir um pouco mais fundo.

1. Por que quer sair de férias? Para relaxar.
2. Por quê? Porque o trabalho está me estressando e deprimindo.
3. Por quê? Porque é a mesma coisa todos os dias e isso aumenta minha solidão.
4. Por quê? Porque minha vida é confinada à minha baia e à minha cadeira, e não consigo ver as pessoas com quem me importo.
5. Por quê? Porque não tenho tempo para isso.

O MÉTODO BULLET JOURNAL

Agora identificamos vários pontos que podemos abordar. Alguns temas-chave surgiram: confinamento, tédio, depressão, solidão e culpa. Essas são as prováveis fontes da sua motivação. O objetivo dessas férias, então, seria aliviar esses pontos ao experimentar seus opostos: liberdade, entusiasmo, alegria, conexão e orgulho. Vamos reescrever nossa declaração para abordar esses desejos:

> Quero sair de férias para lembrar a mim mesmo a razão pela qual trabalho (orgulho) ao passar bons momentos com as pessoas que amo (conexão), enquanto nos divertimos (alegria) explorando uma região tropical juntos (liberdade e entusiasmo).

Esse simples exercício não apenas nos ajudou a descobrir nossas prioridades como nos deu algumas coisas para pensar em abordar mais tarde, quando estivermos calmos e bronzeados. Lembre-se de que essa técnica pode ser aplicada a qualquer projeto. Por exemplo:

> Quero escrever um livro para ensinar as pessoas a ter maior controle de suas vidas ao compartilhar conhecimentos valiosos para que elas vivam com propósito.

Ou:

> Quero fazer um curso de enfermagem para ajudar pessoas ao aprender como tratar de problemas de saúde.

Sinta-se livre para criar seu próprio roteiro. Apenas se certifique de que ele vai te ajudar a explorar sua motivação a fundo e a expor

COLEÇÕES PERSONALIZADAS

o que é mais importante para você nesta empreitada. Então, quando estiver no meio do processo, sua declaração pode ajudar a lembrar quais são suas prioridades, funcionando como uma bússola — se ou quando precisar.

Escrever essa declaração também é um ótimo jeito de "acordar a página". Esse é um termo que uso para descrever o ato de marcar a página pela primeira vez. É o momento em que o pensamento transcende a distância entre nosso mundo interno e o externo, e damos vida às nossas ideias. Começar pode ser a parte mais difícil. Não há jeito melhor de acordar a página que declarando o que você quer. Não pense demais, apenas escreva o que sente. Isso não é um contrato. É só uma forma gentil de você avançar com o empurrão que faltava.

DESIGN

*Um designer sabe que alcançou a perfeição não quando
não há mais nada para acrescentar, mas quando não
há mais nada a ser retirado.*

Antoine de Saint-Exupéry

Se você já fez alguma pesquisa sobre BuJo na internet, deve ter visto as muitas versões com designs e ilustrações elaborados. São deslumbrantes — instigantes para alguns, intimidantes para muitos outros. As pessoas passam a achar que não podem ter um Bullet Journal porque não são artistas ou porque sua letra é feia. Vamos sepultar essas preocupações. A única coisa que importa no BuJo é o conteúdo. Se você for capaz de elevar o nível também na apresentação, tiro o chapéu para você. Mas a única habilidade artística exigida é a de traçar linhas mais ou menos retas. Se consegue fazer isso, não terá dificuldades. Como Timothy Collinson, adepto do Bullet Journal, diz: "Meu Bullet Journal deve ter o estilo mais modesto e minimalista que se pode imaginar, já que não sou artista e ter uma letra bonita é um sonho além do meu alcance. Mas posso dizer com sinceridade que ele está mudando minha vida".

O objetivo do design dos modelos que organizam a informação dentro de suas coleções é potencializar a funcionalidade, a legibili-

DESIGN

dade e a durabilidade. Neste capítulo, quero me aprofundar em cada um desses itens e compartilhar algumas considerações que vão te ajudar quando você decidir entrar no ringue.

Funcionalidade

Dieter Rams, o designer industrial por trás de alguns dos mais icônicos rádios, barbeadores e aparelhos domésticos (dizem que alguns deles inspiraram o design do iPod original), costumava dizer *"wenniger aber besser"*, que em tradução livre significa "menos é mais". Esse é um dos princípios orientadores básicos do método Bullet Journal, que se reflete em seu design. A forma nunca deve obscurecer a função. Reduza o design ao essencial, de modo que se concentre no que é significativo. Se achar que embelezar seu caderno é essencial para manter sua motivação e produtividade, vá em frente. Mas lembre que os modelos são ferramentas que devem ajudá-lo a progredir em direção ao seu objetivo, em vez de ficar parado no lugar.

> *As coleções sempre devem favorecer a função em detrimento da forma. O que importa é sua eficiência em ajudar a executar seu objetivo.*

Isso não é verdade apenas no que diz respeito ao design dos modelos, mas também quanto à informação que contêm, como peso, tempo, distância, nomes, eventos etc. Monitores de hábitos, por exemplo, são coleções projetadas para ajudar a formar novos comportamentos por meio do acompanhamento do progresso de coisas

O MÉTODO BULLET JOURNAL

como leitura, meditação, exercícios ou quantidade de água consumida durante o dia. Como há muitas coisas que poderíamos fazer melhor, tendemos a exagerar no começo e nos incumbir de coisas demais de uma vez só. Portanto, tente evitar monitorar meia dúzia de hábitos aos mesmo tempo. Isso pode se tornar incontrolável, penoso e desmotivador. Tomará tempo demais, e a probabilidade de fracassar será grande. Agora, tente monitorar apenas os hábitos que mais te interessam. Vá com calma. Seja seletivo. Como sugere o mestre Rams, comece com menos e faça melhor. Você sempre pode acrescentar mais depois. Mantenha o conteúdo de suas coleções centrado em suas prioridades.

Outra sólida medida da funcionalidade de uma coleção é sua longevidade. Uma coleção com um bom design permanece informativa por muito tempo depois de ter servido a seu propósito. Criei muitas coleções que faziam sentido no passado, mas cujo raciocínio já não consigo acompanhar. Um ótimo exercício para garantir a longa vida de um layout é desenhar seus modelos de modo que um estranho possa entender com facilidade. Para deixar claro, não estou sugerindo que compartilhe seu caderno com outra pessoa! Mas nossos eus futuros podem algum dia querer reutilizar uma coleção eficaz, então vamos facilitar o máximo possível para que se lembrem de como e por que funcionava.

Suas coleções devem ser úteis tanto
agora como no futuro.

Se optar por reutilizar um modelo mais antigo, lembre que sempre há espaço para melhorias. Cada nova versão de seus modelos

DESIGN

deve passar por algum exame. O que funcionou? O que não funcionou? O que posso mudar para que funcione melhor para mim? Mantendo seus modelos enxutos, fica mais fácil identificar oportunidades para melhorias funcionais. Mantenha a simplicidade. Mantenha o foco. Mantenha a relevância.

Legibilidade

A caligrafia é uma forma de expressão incrivelmente pessoal. Geralmente ela reflete como estamos nos sentindo. Ela se agiganta quando estamos alegres e definha quando estamos estressados, até um ponto em que fica difícil de decifrar. Talvez nunca tenha sido muito boa mesmo. Nós deduzimos que temos que nos contentar em jogar com a mão de cartas que recebemos, mas às vezes até algo tão arraigado quanto nossa caligrafia pode se beneficiar de um pouco de carinho.

Se você tem dificuldade nesse quesito, tente testar tipos alternativos de caligrafia e instrumentos de escrita. Você pode se surpreender com o quanto sua caligrafia reage até à mais sutil das mudanças. Por exemplo, eu descobri que escrever em letras maiúsculas com caneta de ponta fina resolvia dois problemas: me ajudava a ser mais cauteloso no desenho das letras e mais econômico na escolha de palavras. Embora eu tenha estranhado no começo, essa mudança intencional acabou libertando muitas ideias razoáveis que antes estavam confinadas aos meus hieróglifos cursivos.

E mais: se estiver disposto, o Bullet Journal lhe dá uma desculpa para se aventurar no mundo da pena e da tinta. Cheio de elegância, tradição e história, ele carrega séculos de conhecimento sobre como colocar a tinta no papel. Da caneta-tinteiro à de ponta porosa, há

O MÉTODO BULLET JOURNAL

muito o que explorar. Provavelmente você será capaz de encontrar algo que melhore sua técnica ou, pelo menos, seu gosto pela escrita. Só tome o cuidado de não deixar que sua busca pelo instrumento perfeito se interponha entre você e sua escrita. Sua caneta não é uma varinha mágica, é só uma ferramenta. É você que traz magia à página.

Legibilidade não diz respeito apenas ao que colocamos na página, mas também ao que deixamos de fora. Claude Debussy disse certa vez que a música é o espaço que há *entre* as notas.[57] O design gráfico se refere a isso como "espaço em branco". É um elemento muito pensado, usado para melhorar foco, estrutura e clareza. Dê a seus layouts espaço para respirar. Para que os modelos permaneçam legíveis, devem evitar a densidade. Brinque com escalas, adicione mais espaço — ou espaçamento — ao texto, às células de uma tabela ou aos itens de uma lista. Às vezes, isso significa que caberá menos coisas na página. Sem problemas. A forma como dispomos as informações ajuda a melhorar a legibilidade, a compreensão e nossa saúde mental. Só abrimos espaço para o que importa.

Durabilidade

Manter coleções toma tempo e energia, então é importante se certificar de que elas valem o compromisso. As coleções básicas são uma solução para um desafio específico. O índice (p. 111) se originou da minha frustração de não ser capaz de localizar um conteúdo em meu caderno. O registro mensal (p. 102) veio atender à necessidade de uma visão geral sobre as responsabilidades e o tempo. Essas coleções se mostraram valiosas muitas e muitas vezes, fazendo valer a atenção exigida para mantê-las.

DESIGN

Você deve garantir que manter uma coleção não pareça uma tarefa desagradável. A maior parte dos relatos de desistência do Bullet Journal são de pessoas que passaram tempo demais decorando as páginas. Não há nada de errado com isso — a não ser que se torne um fardo, o que sugere que não há equilíbrio. Se você sente que a recompensa não vale o esforço, simplifique.

A boa notícia é que você será capaz de eliminar naturalmente as coleções insustentáveis em sua migração mensal ou anual (p. 120). Se não atualizou determinada coleção, saberá que ela não acrescenta muito valor à sua vida. Não há problema em deixá-la de lado. Não é um fracasso, mas uma lição valiosa que pode ser aplicada na elaboração de futuros modelos. Você precisa aprender por que alguma coisa não funciona para poder desenvolver o que funcionará. Certifique-se de que sua frustração ou sua desilusão não tirem essa oportunidade de você.

Um dos grandes propósitos do Bullet Journal é aprender coisas que aticem sua curiosidade e exerçam sobre você uma atração natural. Avaliar suas coleções durante a migração revela com rapidez que tipo de coisa prende sua atenção de verdade e o que exige um esforço. Você pode aprender muito com a frequência com que atualiza uma coleção. Isso não se aplica somente às ações, mas à forma como você organiza seus pensamentos. Com o tempo, descobrirá quais layouts te ajudam a pensar com mais clareza, ser mais centrado e fazer progressos significativos. Você não está ficando apenas mais consciente do que faz: também está otimizando o que faz. É assim que o Bullet Journal leva a uma melhoria contínua tanto para coisas tangíveis quanto intangíveis.

PLANEJAMENTO

Quem falha em planejar planeja falhar!
Benjamin Franklin

Não é possível planejar um caminho livre de fracassos, mas você pode aumentar bastante as chances de sucesso se fizer uma pequena pesquisa antes de mergulhar de cabeça em um projeto. Seja planejando uma viagem para o Havaí, o relançamento de um site ou uma apresentação empresarial, você vai garantir o melhor uso de seu tempo e de seus recursos se definir quais são os parâmetros e variáveis antes de estruturar um plano de ação.

Cozinheiros profissionais deixam todos os ingredientes preparados e organizados antes de começar a montar os pratos. Os legumes são cortados, as guarnições são picadas, as superfícies são limpas. Isso é conhecido como *mise en place*, ou só *mise*, "colocar no lugar" em francês. A prática permite ao cozinheiro se concentrar no que é importante: preparar a refeição. No seu Bullet Journal, o chef é você.

Assim como as refeições, as coleções são a soma de suas partes. Para esquematizar uma que seja significativa, você precisa definir os "ingredientes" que irá usar. Eles tomam a forma de valores, como sessões, peso, distância etc., dependendo do que você está trabalhando. Sua coleção será projetada para armazenar e ordenar esses valores.

PLANEJAMENTO

Vamos mapear isso na coleção "Férias no Havaí". Durante o brainstorm, identificaremos várias informações — ou ingredientes, se preferir — que precisarão ser separadas e colocadas em seu lugar (*mise en place*). Fazemos isso por meio de perguntas simples. *Para onde quero ir? O que quero fazer? Quando quero ir? Qual é meu orçamento?* Podemos reciclar essas perguntas para definir categorias como destinos, atividades, agenda e orçamento. Logo depois de suas páginas de brainstorm, liste essas categorias junto das considerações relacionadas, para que possa começar a erguer a estrutura para o seu projeto (p. 267).

Agora temos a lista de todas as coisas que precisamos considerar.

Podemos criar subcoleções em nosso Bullet Journal para abordar cada uma dessas coisas individualmente. Vamos começar pelos "Destinos", que demandam muita pesquisa.

Pesquisa

Todo empreendimento é cheio de incógnitas, mas fazer a lição de casa pode ajudar bastante a superar uma das fases mais desafiadoras de qualquer iniciativa: o início. Em primeiro lugar, isso facilita seu envolvimento no projeto, na medida em que fica mais familiarizado com o cenário. Quanto mais cientes estivermos do que nos aguarda, menos nos atrapalharemos ao chegar lá. Isso pode parecer óbvio, mas muitas pessoas começam seu grande projeto com um gesto drástico ou uma proclamação sem ter a menor ideia do que estão fazendo. Embora o esforço seja louvável, pode ter vida curta, sucumbindo depressa a problemas contornáveis.

Digamos que você queira virar vegetariano. Com um pouco de

FÉRIAS NO HAVAÍ

DECLARAÇÃO

"Quero sair de férias para lembrar a mim mesmo a razão pela qual trabalho ao passar bons momentos com as pessoas que amo, enquanto nos divertimos explorando uma região tropical juntos."

DESTINOS

- Para onde quero ir no Havaí?

ATIVIDADES

- O que quero fazer?
- O que meus companheiros de viagem querem fazer?

TEMPO

- Dias de férias disponíveis
- Tempo de voo
- Tempo no transporte local
- Duração das atividades

ORÇAMENTO

- Voo
- Aluguel de carro
- Hospedagem
- Gasolina
- Comida
- Atividades

PLANEJAMENTO

pesquisa e planejamento, saberá como abastecer sua geladeira e como preparar, digamos, o equivalente a uma semana de refeições saborosas para começar. Assim, você não chega ao primeiro dia de sua nova vida com a geladeira, o estômago e o prato vazios — a não ser que conte as pesadas porções de frustração, desânimo e desespero que engole com a ajuda de um *burrito* recheado de carne e vergonha. Como já discutimos, o desespero pode exaurir bem rápido nossa motivação e empolgação. Podemos mitigar isso nos educando antes de começar.

Contudo, tome cuidado para não cair no buraco negro da pesquisa. Aprender pode ser divertido e parecer produtivo, mas para algumas pessoas é uma maneira de evitar seguir com o processo. Quanto mais tempo você gastar na pesquisa, mais opções surgirão, e isso pode ser desesperador. Queremos evitar a famosa "paralisia da análise". Precisamos pesquisar e progredir ao mesmo tempo. Como fazer os dois em proporções apropriadas? É aí que entra a alocação de tempo (p. 193).

Ela vai te dar um ponto de início e de encerramento para as sessões de pesquisa, providenciando o espaço estruturado necessário para a exploração. Algumas pessoas gostam de programar um alarme durante as sessões de pesquisa para ajudar a se concentrar e evitar que sejam sugadas pelo poço sem fundo que é a internet.

Quando estiver definindo o período dedicado à pesquisa, limite também o número total de sessões. Por exemplo, ao planejar sua viagem para o Havaí, uma das primeiras tarefas será pesquisar sobre as várias ilhas para determinar para qual você quer viajar. Cada uma oferece muitas coisas diferentes e empolgantes a serem exploradas. Para evitar que a pesquisa se torne por si só uma forma de distração, atribua duas sessões de pesquisa de meia hora por ilha e as reserve

O MÉTODO BULLET JOURNAL

no seu calendário. Se precisar de mais tempo, tudo bem, mas coloque sua pesquisa em quarentena para que as sessões continuem produtivas e finitas.

A primeira coisa que vai fazer em sua sessão de pesquisa inicial é criar a subcoleção "Destinos". Na primeira página, listaremos todas as ilhas entre as quais escolher, para referência. Cada página subsequente será centrada em uma ilha, listando as atividades que fariam valer a viagem. Seriam as incríveis trilhas pelos vulcões? O surfe? As aldeias? Por enquanto, não pense em *como* ("Como pagarei por isso? Como chegarei lá? Onde vou ficar?"), veremos isso daqui a pouco. Primeiro, se concentre em encontrar aquilo que sustenta sua missão, a razão da viagem.

Assim como os movimentos dos instrutores de capoeira que mencionei antes, as coisas não parecem fazer sentido quando agimos sem planejar. Sem uma intenção clara, a ação tende a resultar em desperdício de movimento e energia, em ausência de significado, e com frequência culmina na frustração pelo fracasso. Entendo que nosso exemplo de projeto são "apenas" férias, mas se trata de um precioso investimento de tempo, energia e dinheiro ganho com muito suor. Por que não aproveitar ao máximo?

LISTAS

Já que estamos trabalhando com vários tipos de dados em nosso projeto de férias (datas, horários, preços etc.), podemos otimizar cada conteúdo fazendo estruturas sob medida para dar suporte a cada função. O orçamento e o itinerário, por exemplo, servem a dois propósitos muito diferentes, então por que deveriam ter o mesmo design?

O modelo mais básico é a lista. Ela oferece um modo eficiente e conveniente de organizar conteúdo e é simples de criar. Permite que registremos a informação com rapidez, ao nos encorajar a manter os itens curtos e objetivos. Poucas convenções de design são capazes de fazer tanto com tão pouco. É por isso que a lista é o principal modelo de design do Bullet Journal.

Vamos dar uma olhada na lista detalhando todas as atividades divertidas que encontramos na pesquisa sobre Mauna Kea, uma das ilhas do Havaí (p. 271). Em um mundo ideal, teríamos tempo para aproveitar todos os itens, mas infelizmente não temos. Listas podem ficar exorbitantes e opressivas bem depressa, então neste capítulo exploraremos algumas formas rápidas de organizá-las para que mantenham o foco e permaneçam gerenciáveis.

MAUNA KEA

- * Lagos cristalinos
- Campos de lava
- * Floresta vulcânica
- Praia das arraias
- * Mercado noturno
- Escola de ioga Moonoa
- ~~Praia negra~~
- Praia verde
- Praia das tartarugas
- Praia do vulcão

LISTAS

Priorizando

Quando esboçamos uma lista, estamos apenas juntando dados: isso parece divertido, aquilo parece importante, e por aí vai. Ficamos envolvidos na coleta, o que não é um problema enquanto a lista tiver um propósito. Assim que ela estiver mais ou menos completa, é hora de recuar e refletir a respeito. Quais itens o atraem? Quais não atraem? Concentre sua lista nas coisas que te entusiasmam ou que sejam importantes. Pese cada tópico em uma balança mental e faça um primeiro movimento usando o símbolo discriminador * para priorizar os itens mais animadores ou urgentes, e risque os itens que achar sem graça. Não estamos aqui para planejar uma vida maçante.

Por fim, quase sempre há um elemento humano que precisamos considerar quando priorizamos. Nesse caso, se você está viajando com outras pessoas, um bom ponto para começar a reduzir sua lista é levar em conta as alergias, preferências, aversões etc. dos seus companheiros. A questão não é necessariamente sacrificar o que deseja fazer, mas isso pode levar a uma decisão rápida quando estiver indeciso: a praia de areia negra ou a de areia verde? Todo mundo já viu a praia negra? Então areia verde será!

Contexto

No exemplo apresentado, você verá a lista de todas as coisas empolgantes que parecem divertidas de fazer em nossas férias hipotéticas em Mauna Kea, no Havaí. É um bom começo, mas na verdade não oferece muito contexto. É como um restaurante que só tem coisa

O MÉTODO BULLET JOURNAL

boa no cardápio. Só quando vemos os preços, ingredientes e calorias conseguimos restringir nossas opções. As informações nos ajudam a priorizar. Para esse fim, vamos acrescentar à lista alguns parâmetros que auxiliarão na tomada de decisão, como posição, tempo e custo.

Acrescentei a coluna "T" de tempo para que não aconteça de eu dar de cara com uma porta fechada porque Big Sammy, o proprietário do lugar, decidiu em sua infinita sapiência que quarta-feira não é dia de trabalhar. Isso já me aconteceu. Anotar os horários de abertura e fechamento também fornece contexto quando você programa seus dias e flexibilidade se tiver que mudar os planos em tempo real. Logo chegaremos a esse ponto.

Indiquei a posição (na coluna "P") com "N" (norte), "S" (sul), "L" (leste), "O" (oeste) e "C" (centro). Isso me ajuda a entender superficialmente onde ficam meus pontos de interesse uns em relação aos outros, para que eu possa tomar decisões mais eficientes em termos de transporte e hospedagem. (Não sei você, mas eu acho mais legal passar o tempo nos lugares do que me locomovendo.) Anotar localizações também proporciona um belo cardápio de alternativas próximas, se alguma atividade não der certo.

A coluna de custo "$" é autoexplicativa. Preços são uma unidade de informação que podemos usar para editar nossa lista assim que determinarmos o orçamento. Mas que fique claro: o fato de algo ser caro não quer dizer que precise ser retirado da lista. É uma informação que podemos usar depois para facilitar nossas escolhas.

É inevitável que, por ora, muitas das opções permaneçam na nossa lista — elas parecem muito divertidas. E tudo bem. Ao progredir no planejamento, revisitaremos a lista e filtraremos os itens tendo em vista as contribuições que as outras coleções trarão. Como acontece com todas as coleções principais, as personalizadas podem

Mauna Kea	T	P	$
* Lagos cristalinos	Quartas/ 9h-16h	N	124
Campos de lava	Quartas/ 11h-18h	S	65
* Floresta vulcânica	Mult.	O	32
Praia das arraias		NE	10/h
Praia das tartarugas	Seg.-Ter./ 8h-16h	O	
* Mercado noturno		SO	
Escola de ioga Moonoa		O	
~~Praia negra~~		L	
Praia verde		NO	
Aluguel de prancha de surfe		O	
Aluguel de prancha de surfe 2		O	

O MÉTODO BULLET JOURNAL

receber influência positiva. Para entender isso melhor, criaremos co-leções tanto para nosso itinerário quanto para o orçamento.

AGENDAMENTOS

O tempo é um fator crítico a ser considerado em qualquer projeto, até mesmo (ou especialmente!) em viagens. Então, com a lista de atividades pronta, o próximo passo é contextualizá-las. Para isso precisaremos de uma coleção projetada para esse propósito, como um itinerário. É muito provável que você já tenha criado um antes. Se for o caso, revisite seu velho amigo para recordar. Estude e reflita sobre como tanto o design quanto a experiência contida nele lhe serviram.

O que foi que você aprendeu? Você tende a ser otimista demais e acaba sobrecarregando seus dias com um monte de atividades? Isso te deixa estressado e/ou exausto? Ou você improvisa além da conta e só depois descobre que havia exposições de arte que passaram batido ou que não mereceram tempo na sua agenda, restaurantes cujo maître avisa friamente que as mesas devem ser reservadas com semanas de antecedência e encantadoras viagens de um dia das quais nem sequer tinha conhecimento? A ideia aqui não é reviver o passado, mas reaplicar o que você aprendeu para melhorar suas chances de ter uma experiência melhor. O que faria diferente dessa vez?

Vamos começar escolhendo quando viajar. O momento ideal nunca vai existir, mas não use isso como desculpa. Seja prático. Você quer

O MÉTODO BULLET JOURNAL

ter a maior quantidade de tempo possível. Se trabalha em horário comercial, uma forma de melhorar sua viagem pode ser emendá-la com um feriado, estendendo assim o tempo de folga sem sacrificar mais dias de férias remuneradas.

Assim que soubermos as datas da viagem, podemos começar a projetar o modelo de agenda em conformidade com elas. Esse é um dos poucos exemplos em que usarei tanto uma caneta quanto um lápis para montar uma coleção. Há muitas decisões a se tomar aqui, e é provável que você tenha que atualizar as coisas ao longo do processo. Sempre dê importância à usabilidade em seu design. Se estiver trabalhando em uma coleção projetada para pôr em ordem sequências como eventos ou atividades, certifique-se de usar ferramentas que permitam a flexibilidade necessária.

1. Para estruturar meu modelo, considerei as variáveis relevantes: onde, quando e o quê (p. 278). A primeira coluna é dedicada ao "onde". Já que iremos de ilha a ilha, é bem importante saber onde estaremos a cada dia. Neste exemplo, a primeira coluna indica o local com o código do aeroporto e o número da página onde está a subcoleção correspondente. Fiz um encadeamento (p. 116) na subcoleção para que eu possa escolher com rapidez uma alternativa caso algo não dê certo. O texto tem orientação vertical para criar algum contraste e tornar a visualização mais fácil depois que acrescentarmos as datas. Você também perceberá que a coluna de local quebra as barreiras de dias. Isso ajuda a ressaltar a transição de espaço, de forma que os dias sejam discernidos com facilidade. A coluna de local se estende para o dia seguinte com tamanhos diferentes, que indicam de forma aproximada tanto a hora do dia quanto o tempo de voo.

2. A coluna seguinte lista o "quando", com as datas da viagem na margem esquerda em ordem cronológica. Para aumentar a legibili-

ITINERÁRIO NO HAVAÍ

HNL / 11	**25** TER	9h	Check-in no Reef Hotel
			Cidade e praia
		15h	Aula de kundalini
		19h30	Jantar no Rum Barrel
	26 QUA	11h30	Check-out
		16h	Voo para Mauna Kea
		17h30	Aula de capoeira
		20h-22h	Mergulho com arraias
MUN / 12	**27** QUI		Dia na praia cristalina!
		15h	Aula de surfe
		19h30	Jantar no Secret Garden
	28 SEX	9h	Aula de ioga
			Campos de lava
		15h	Jantar no Surf House
		19h30	Mercado noturno
	29 SÁB	9h	Check-out
		11h	Voo para HNL
		19h30	Jantar no Sushi Kona
HNL / 11	**30** DOM	9h	Check-out
		11h	Voo para HO
		15h	Jantar no Jimmies

1.   2.   3.

O MÉTODO BULLET JOURNAL

dade, as datas e os dias da semana recebem mais espaço para que seja fácil vê-los num passar de olhos.

3. Com as datas e locais já resolvidos, a única coisa que nos resta é inserir as atividades. Os itens mais próximos do topo da célula são agendados para a manhã, enquanto cada item sucessivo acontece mais tarde no mesmo dia. Como algumas atividades precisam ser reservadas com antecedência, elas são precedidas por seu horário de início. Pode ser útil colocar os itens com hora marcada primeiro. Saber os horários de início e fim de uma atividade ajuda a encaixar as atividades remanescentes na subcoleção "Destinos" de maneira adequada.

4. Este modelo oferece tanto uma visão detalhada quanto uma mais ampla de toda a viagem. Você pode pensar que é elaborado demais. Talvez seu planejamento de viagem seja do tipo "jogar um dardo no mapa". Mais uma vez, este é apenas um exemplo rápido para ilustrar as considerações envolvidas em montar e relacionar suas próprias coleções, não importa qual será a função delas. A jornada é sua, mas às vezes é útil ver como se desenha um mapa antes de esboçar o seu.

MONITORES

Não é possível gerenciar o que não é medido.

PETER DRUCKER

Uma coleção personalizada muito comum nos Bullet Journals é a de monitoramento. Ela pode ganhar praticamente qualquer forma que você conseguir imaginar. Já vi ilustrações em BuJos com estantes de livros que seu dono leu, e pipocas indicando os filmes a que assistiu. Embora esses monitores criativos injetem personalidade e capricho nas coleções, o foco subjacente dos de maior sucesso é acompanhar o progresso na direção de um objetivo planejado.

Os monitores são um grande exemplo de como pegar objetivos que parecem assustadores de tão grandes e desmembrá-los em passos menores e praticáveis. Eles tornam empreitadas potencialmente intimidadoras mais gerenciáveis e nos mantêm honestos. Nossas memórias e realidades não costumam ser melhores amigas. Ter um lugar para registrar e monitorar de forma objetiva o progresso nos ajuda a não sair dos trilhos.

No nosso caso, vamos criar um monitor de orçamento simples que servirá a dois propósitos: permitirá que agrupemos nossas prioridades em uma página para que possamos ver quanto a viagem

O MÉTODO BULLET JOURNAL

custará e permitirá que acompanhemos de forma visual nosso progresso até conquistarmos esses objetivos.

Apresento aqui um exemplo básico de monitor de orçamento. Ele é dividido em três colunas principais: a primeira lista as atividades; a segunda se concentra nos custos, ao oferecer o custo total de uma atividade e quanto precisaremos separar a cada mês; a terceira recebe os monitores. Os custos são espalhados ao longo dos meses que antecedem a viagem. Essa é a quantidade de tempo que temos para guardar dinheiro. Dessa forma posso ver rapidamente quanto preciso guardar todos os meses, bem como acompanhar meu progresso na direção dos objetivos. Se por acaso eu pular um mês, posso marcar a quantia na célula correspondente. Isso nos permite calcular com rapidez o total do balanço, se necessário.

Na parte de baixo do monitor, você notará que há um total. Em seguida, verá que repeti os meses. Isso facilita que o olho acompanhe a coluna. Você verá um "X" quando eu alcançar o orçamento, um sinal de negativo antes de quanto faltou guardar, e um de positivo para quando guardar fundos acima do mínimo requerido.

Esse layout permite uma visão bem detalhada dos dados financeiros da viagem, e o faz deixando espaço para erros. Coisas acontecem, e você pode não ter o dinheiro em determinado mês. É muito importante ter isso em mente. É fácil perder o controle do progresso — ou da falta dele. O monitoramento de hábitos fornece o contexto de que você precisa para progredir.

ORÇAMENTO HAVAÍ

GASTO	Total / M	4	5	6	7	8	9	10	11
Passagem para Havaí	1200/150	x	x	x	x	x	x	50	x
Passagem para Mauna Kea	120/15	15	x	x	x	x	x	x	x
Passagem para Honolulu	140/17	x	18	x	x	x	x	x	x
Hotel Honolulu	360/45	x	x	x	x	x	x	x	x
Hotel Mauna Kea	235/29	30	x	x	x	x	x	x	x
Aula de surfe	100/13	x	x	x	x	x	x	x	x
Campos de lava	25/3	x	x	x	x	x	x	x	x
Mergulho com arraias	100/13	x	x	45	x	x	x	x	x
Comida	350/44	x	44	x	x	x	x	x	x
Gasolina	100/13	x	x	x	x	x	x	x	x
Outros	500/62	x	x	x	x	65	x	x	x
TOTAL	3,230/404 + −	4	5	6	7	8	9	10	11
								217	50
		45	62	45	0	65	0	50	0

O MÉTODO BULLET JOURNAL

Usando coleções para dar contexto

Monitores dedicados podem ser usados em conjunto com registros diários e assim fornecer mais contexto. Um permite que você meça, enquanto o outro oferece a tão necessária clareza. Não fui à academia porque estava com preguiça, doente ou triste? Quais foram as circunstâncias que me permitiram progredir ou impediram isso?

Embora seja desejável fazer progressos, esse não deve ser seu único foco. Limitar a concentração aos resultados costuma ofuscar informações valiosas que surgem durante o processo em si. E eu diria que o objetivo do monitoramento é cultivar autoconhecimento, tanto quanto fazer progresso.

Para progredir de verdade, você precisa entender os efeitos dos seus esforços. Precisa entender não apenas o que está ou não funcionando, mas também por que não funciona. Perder quatro quilos é ótimo, mas saber que isso não teve nada a ver com a academia e tudo a ver com sua alimentação é muito mais importante. A correlação nem sempre é tão direta, mas é certo que monitorando encontraremos padrões. Tomar consciência das causas e dos efeitos é o que importa. Quanto mais sabemos, mais eficazes são nossas ações e mais progresso fazemos.

ADAPTAÇÃO

Embora as coleções personalizadas sirvam a um importante propósito — ajudar seu Bullet Journal a refletir as muitas facetas da sua existência —, é importante lembrar que não temos que reinventar a roda a cada novo empreendimento a que nos lançamos. As coleções principais sempre podem ser adaptadas para a situação atual.

Quando você está em casa, por exemplo, é provável que seu registro diário esteja no modo trabalho, com foco principal na anotação de tarefas e organização de suas responsabilidades. Quando viaja, entretanto, você entra no modo férias e não usará seus registros diários da mesma forma — ou pelo menos não deveria, porque está de férias! Viajar quebra a rotina e nos expõe a coisas novas. Pensamentos de todos os tipos, difíceis de entender ou de aceitar, fervilham em nossa mente. Uma forma de eliminar a pressão que um pensamento está exercendo sobre você — ou de ficar mais confortável com ele — é tirá-lo da cabeça e pô-lo no papel.

Escrita prolongada

Os benefícios dos diários mais tradicionais estão bem documentados, em especial no que se refere à redução do estresse e ao combate

O MÉTODO BULLET JOURNAL

à ansiedade. Se está lendo este livro, você provavelmente já se envolveu com alguma forma de escrita expressiva ou páginas matinais em algum ponto da sua vida. Talvez ainda esteja empenhado no processo. As pessoas sempre me perguntam como isso se encaixa com o Bullet Journal, então vamos dar uma olhada em como podemos adaptar nosso registro diário para anotar os pensamentos com rapidez e facilitar uma escrita mais prolongada ao mesmo tempo.

Quando consultar seu Bullet Journal na reflexão diurna ou noturna em seu hotel ou deitado na praia, rascunhe quaisquer pensamentos, independentemente de tamanho, grau de interesse ou peso, como faria com qualquer nota. Mas às vezes não se trata apenas de uma nota: o pensamento distrai e não te deixa em paz. Exige mais tempo e atenção e precisa ser descompactado e examinado. Quando for o caso, você só precisa transformar o marcador de nota – em um sinal de adição. Depois dê uma passada de olhos nas suas notas e localize o pensamento específico quando estiver pronto para escrever sobre ele. Use quanto espaço precisar. É para isso que serve o Bullet Journal, afinal. Não há pressão para você que torne isso uma parte regular de sua prática. Apenas saiba que essa ferramenta útil está disponível se e quando precisar dela.

20/12 SEG

- ° Fomos à praia de areia verde
- − Caças no céu
- ° Aula de ioga
- − Totalmente fora de forma
- − Muito estressado
- + Linda precisa se valorizar mais
- • Fazer as reservas no Lazlo
- • Comprar bronzeador

Linda

Notei que ela tem sido muito mais dura consigo mesma do que de costume, apesar de as coisas estarem melhorando. A promoção, o novo companheiro etc. Linda parece mais determinada do que nunca. Será que é porque quer fazer por merecer sua sorte? Ou é uma manifestação da síndrome do impostor? O que quer que seja, receio que fique esgotada. Me preocupo que nem tudo esteja tão bem quanto ela diz. Enquanto antes fazia de tudo para aproveitar o momento, agora continua correndo atrás das coisas sem reconhecer que está bem melhor hoje do que há um ano...

21/12 TER

- ° Vi golfinhos
- − Completamente queimado de sol
- • Encontrar tempo para conversar com Linda
- • Ligar para saber do ônibus para o mercado noturno

Sinta-se livre para criar uma tarefa baseada na escrita prolongada

O MÉTODO BULLET JOURNAL

Monitoramento de hábitos

Outro exemplo de adaptação de uma coleção existente é integrar um monitor de hábitos ao seu registro mensal. Esse mero acréscimo torna mais fácil acompanhar hábitos que você está tentando criar ou eliminar. Digamos que eu queira saber quantas vezes cozinho, leio e vou à academia em um mês. Embaixo das datas, acrescento uma pequena legenda (p. 288): C = Cozinha, L = Leitura, A = Academia (para que meu eu futuro saiba o que eu estava monitorando quando voltar a folhear o caderno). Na margem direita da página, faço três colunas: C, L, A. Lembre que elas são alinhadas aos dias do mês, para aproveitar o modelo existente. Então, acrescento marcadores de tarefas nas células, para que possa colocar um "X" neles quando concluir uma atividade. Ao longo do tempo, esse monitor cria uma barra de progresso que atravessa o mês, tornando muito fácil ver quão diligente fui. Repito: é uma adição muito sutil, mas que traz bastante funcionalidade.

Algumas pessoas adicionam o clima ao registro diário; outras, pensamentos positivos. Sinta-se livre para modificar o que mostrei. Como sempre, faça aquilo que funciona para *você*.

Mas que fique claro: não estou dizendo para você fazer tudo que quiser! Certifique-se de que quaisquer adições ou adaptações se provem úteis muitas e muitas vezes. Menos é mais.

Janeiro

			C	L	A
1.	S	Jantar com Mark	X	X	X
2.	T		X	X	X
3.	Q	Bebidas com Sam	X	X	X
4.	Q	Entreguei apresentação da Might	X	X	•
5.	S		•	X	•
6.	S		•	X	•
7.	D	Convenção da Sokura	X	X	X
8.	S		X	•	X
9.	T	Aniversário da Lisa	X	X	X
10.	Q		X	X	X
11.	Q	Introdução ao krav	•	X	•
12.	S		•	X	•
13.	S	Bebidas com a equipe	X	X	X
14.	D		X	X	X
15.	S		•	X	X
16.	T	Palestra sobre I.A.	X	X	X
17.	Q	Aula de spinning	X	X	X
18.	Q		X	X	•
19.	S	Lámen com Darby no Ichiran	X	X	•
20.	S	Cinema com Niclas	X	•	X
21.	D		X	X	X
22.	S		•	X	•
23.	T	Aniversário do Tim	•	X	X
24.	Q		X	X	X
25.	Q	Ganhei a conta do Victor!!	X	•	•
26.	S		X	X	•

C — Cozinha
L — Leitura
A — Academia

Lembre-se de adicionar uma legenda para não esquecer o que estava monitorando

COMUNIDADE

Não há maneira melhor de exemplificar as potenciais aplicações da metodologia do Bullet Journal do que voltar os holofotes para a comunidade BuJo. Ela cobre praticamente todas as etnias e crenças, todos os continentes e setores. Essa diversidade se reflete nas incontáveis soluções que a comunidade criou para lidar com os desafios comuns e não tão comuns que enfrentamos em nosso limitado tempo.

Você deve ter percebido que alguns capítulos da parte II trazem #hashtags sob o título. Essas palavras-chave facilitam buscar em redes sociais como Instagram e Pinterest alguns exemplos criados pela comunidade que podem servir de inspiração e ajuda. Eis outras: #bulletjournalkey, #bulletjournalindex, #bulletjournalfuturelog, #bulletjournalgratitudelog, #bulletjournalfoodlog, #bulletjournalmoodlog.

Se achar isso um pouco confuso, comece visitando o site bulletjournal.com. Lá você encontrará tutoriais, exemplos e listas de recursos adicionais, na maior parte selecionados de contribuições feitas pela comunidade. Também incluí alguns exemplos inteligentes e criativos nas páginas que seguem.

Antes de virar a página, por favor lembre que o que está prestes

COMUNIDADE

a ver é fruto de anos de exploração e prática. Cada Bullet Journal é uma jornada dentro de si. Esses usuários enviaram os exemplos de seus próprios cadernos para compartilhar o impacto que o método teve em sua vida, na esperança de inspirar você a trilhar sua jornada à sua própria e inimitável maneira.

O MÉTODO BULLET JOURNAL

Thaís (@thatzbujo)

O maior benefício de ter um Bullet Journal foi ter conseguido passar meus pensamentos e atividades para o papel, de um modo organizado, que me desse uma visão geral da minha rotina e ajudasse a "limpar" a mente e melhorar minha ansiedade.

Quando precisei passar por uma cirurgia e tinha uma infinidade de exames, laudos e consultas médicas para organizar e fazer — além de ter que administrar todo o nervosismo da situação —, o BuJo era tanto minha agenda quanto meu escape de ansiedade (aqui entra o diário de gratidão também, focando nas coisas boas). Com o Bullet Journal, o processo ficou mais tranquilo!

Fazer uma página de gratidão é uma experiência engrandecedora no sentido de aumentar o autoconhecimento e de nos fazer olhar para as pequenas coisas da vida que normalmente passam batido quando estamos tão ligados no modo automático e esquecemos de apreciar as coisas. Quando comecei a praticar, me forcei a observar com mais calma o que acontecia à minha volta e a ter um olhar mais positivo diante da vida, sabe? Por exemplo, em vez de ficar chateada por ter que pegar um ônibus muito cedo pela manhã, eu passei a agradecer por conseguir pegar um assento nesse ônibus, ou por ter a oportunidade de me locomover pela cidade. São coisas pequenas que mudam bastante o modo como percebemos o universo que nos rodeia, e eu acredito que isso traz leveza para a vida. Eu sempre gosto de reler meus diários de gratidão de tempos em tempos, porque me ajuda a dar uma positivada na alma!

⇒ gratidão diária ⇐

1. missa c/ a família :)
2. Avengers com amiga Mari
3. dia todo em casa :D
4. papo familiar sobre ansiedade
5. bati as metas de estudo
6. pré-op. vendo série ♡
7. me operei e tô viva!
8. a fisio foi ótima
9. consegui dobrar o joelho
10. o sol tá brilhando ♥
11. cada dia o joelho melhora
12. tomar banho foi + de boa :P
13. dia das mães ♡
14. consegui dormir!
15. menos dor \o/

16. tirei os pontos |
17. seriado + repouso
18. consegui mudar de posição
19. refeição livre!
20. saí de casa =)
21. tarde gostosinha vendo doc.
22. dobrei o joelho até 30°
23. voltei a estudar
24. consegui pedalar!!!
25. a perna dobrou + hoje
26. exames tudo OK!
27. cada dia + independente
28. passear de carro yay!
29. nenhum problema vascular
30. fisio tá evoluindo :D
31. viagem rapidinha! =)

Maria Lowen (@meubulletjournal)

Antes de ter um Bullet Journal, eu vivia às voltas com várias listas de tarefas e coisas para estudar, todas soltas. De vez em quando acabava perdendo alguma. Nunca fui muito de usar agenda, pois não me adaptava à falta de espaço para escrever minhas listas e à ausência de uma visão geral do mês. Com o BuJo consegui condensar tudo em um só lugar e organizar as minhas coisas do jeito que mais facilita a minha visualização.

Ele me ajuda imensamente a organizar todas as áreas da minha vida, desde os estudos até meu plano de parto. Quando eu estava no intercâmbio e na faculdade de medicina, senti que salvou a minha pele na hora de organizar os estudos.

Recentemente tive minha bebê e contei muito com o Bullet Journal para todo o processo de me preparar para ser mãe, desde escolher o enxoval até organizar a mala que eu levaria para a maternidade. Eram tantas coisas importantes que eu não podia esquecer e tantos lugares para ir e coisas para fazer, mas eu precisava ajeitar tudinho. Isso sem falar em encaixar essas atividades entre consultas médicas, exames e afins. Então, eu tinha as minhas listas e ia colocando tarefas ao longo das semanas para conseguir fazer tudo sem atropelo e sem esquecer de nada. Organização é tudo nesse momento! O Bullet Journal foi uma boa solução pra eu não me perder no meio desse universo de coisas de bebê, além de ser ótimo para guardar recordações e relaxar depois de um dia estressante.

Muitas pessoas ficam presas de alguma forma à ideia de ter um Bullet Journal lindo e perfeito. Mas a ideia não é essa. Faça o que funciona pra você. O importante é te ajudar e facilitar sua vida. Não precisa ser bonito, nem cheio de "fru-frus". Precisa ser funcional.

timeline

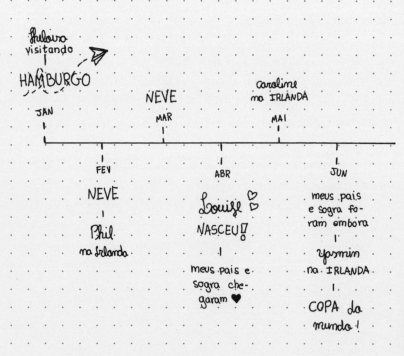

Yumi (@yumitshr)

Como trabalho sozinha em casa, preciso ter mais clareza dos planos. Sempre fui uma pessoa que fazia e aceitava sem muito questionamento as coisas que me aconteciam. O Bullet Journal me ajuda a ter uma visão geral dos compromissos e ultimamente tenho tentado priorizar as minhas escolhas. Estou correndo atrás de um sonho que havia adiado, e o fato de conseguir visualizar os prazos e anotar e ver tarefas cumpridas me deixa com a impressão de que as coisas não estão tão flutuantes como antes. E mesmo que tudo não saia como o esperado, acho legal poder registrar as etapas dessa experiência.

Graças ao BuJo, me senti capaz de adotar um hamster — até então só tinha cuidado de peixes em aquário. E também consegui voltar a estudar japonês — um desafio enorme, pois nunca me considerei uma pessoa estudiosa. Agora não só estudo como também pratico lettering e caligrafia. Mas acho importante destacar que o método pode ser usado em qualquer caderno, e cada pessoa tem um tipo de caderno favorito. Eu adorei o pontilhado, já que sempre gostei de desenhar, mas atualmente estou feliz com um caderno pautado, então pode ser legal começar com aquele caderno que você já tem, encostado na sua estante.

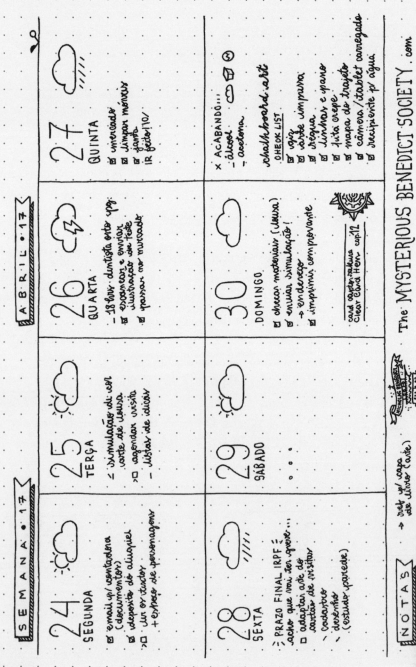

Flora (@bujoterapia)

Como psicóloga, vejo não só na minha vida como na de outras pessoas o inquestionável impacto positivo do método Bullet Journal, tanto para organização como para começar a investir mais em si mesmo.

No ano passado eu vivi uma depressão que começou a se desenvolver logo após eu terminar a faculdade. Eu me sentia muito desorientada e desorganizada e tentava encontrar algo que me desse alguma orientação ou me acalmasse. Registrar as coisas em papel sempre me ajudou. Eu tinha então o costume de fazer listas de tarefas e anotar os meus sentimentos em um caderno. Mas, quando descobri o método BuJo, comecei a usá-lo pra tudo e mais um pouco.

Passei a anotar o horário dos remédios que eu tinha que tomar e a controlar consumo de água e monitorar outros hábitos, o que me ajudou a voltar a ler, fazer atividades físicas mais regularmente e levar uma vida mais saudável. Assim, o BuJo se tornou mais uma ferramenta na luta contra a depressão. Foi e continua sendo uma ferramenta terapêutica, que me permite tirar algum tempo pra mim ao montar os panoramas semanais e mensais e também quando paro para me organizar e ver o saldo do final do mês, como na página de memórias ou de gratidão. É assim que acompanho minha rotina, meus projetos e metas pessoais, e me motivo a perseguir meus objetivos e aspirações.

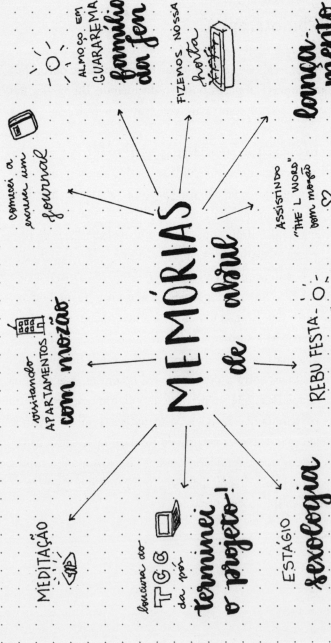

PARTE V

CONCLUSÃO

•••

O JEITO CERTO DE USAR O BULLET JOURNAL

Uma das coisas que mais gosto de ver na evolução do Bullet Journal é como as interpretações que o método ganha pelo mundo são diversas e inventivas. Escolho manter o meu bem minimalista. Outros preferem torná-lo um deleite para os olhos. Nenhum Bullet Journal é exatamente igual a outro. Suponho que seja por isso que me perguntam com frequência se há um jeito certo de usá-lo. O que leva a uma questão bem mais importante: Haveria um jeito errado de usar o Bullet Journal? A resposta é sim.

Acredito que parte do sucesso do método venha de sua habilidade de se tornar uma ferramenta diferente para pessoas diferentes. Embora eu aconselhe o usuário a começar com simplicidade, se gastar tempo embelezando seu BuJo te motiva e faz com que você seja mais produtivo e alegre, então esse é o jeito certo. Se você não vê a hora de voltar para seu caderno e sente que ele é seu aliado, está fazendo certo.

A questão não é a aparência de seu caderno, mas sua eficiência e o sentimento que o inspira.

O JEITO CERTO DE USAR O BULLET JOURNAL

Não fique intimidado com o que vê por aí. No fim das contas, o único padrão que deve almejar é o seu. A *jornada* é sua. Não uso esse termo à toa. O Bullet Journal é um veículo para a exploração pessoal, para ajudar você a descobrir com o que se importa e com a vida que quer viver. Concentre-se em fazer com que seu Bullet Journal se molde às suas necessidades. Quanto mais tempo o utilizar, mais útil ele deve se tornar. Se esse não for o caso, então é hora de se perguntar o motivo. Ele está tomando muito tempo? Você está negligenciando suas necessidades para impressionar os outros? Não está levando a progressos? Defina o desafio e se pergunte: O que posso fazer para tornar isso mais útil para mim?

Se você não sabe, tem à mão uma das comunidades mais incentivadoras e criativas do mundo. É grande a chance de que haja outros usuários do Bullet Journal por aí que enfrentaram desafios parecidos e que ficarão mais do que felizes em compartilhar suas ideias. Você nunca está sozinho, pode acreditar.

CONSIDERAÇÕES FINAIS

Minha parte favorita de *O mágico de Oz* é quando o grupo descobre que o poderoso mágico do título não é nada além de um homem envelhecido puxando alavancas atrás de uma cortina. Assim que isso é revelado, Dorothy exclama: "Ah, você é um homem horrível". E o mágico responde: "Não, minha querida, eu... eu sou um homem muito bom. Sou só um mágico muito ruim".

Cada membro do grupo pedia algo que achava que não tinha: coragem, coração, cérebro. Todos presumiam que apenas uma magia poderosa seria capaz de lhes dar coisas que estavam completamente fora de seu alcance. Embora ele fosse mesmo um "mágico muito ruim", sem poderes sobrenaturais, também tinha uma habilidade: agia como um espelho para aqueles que precisavam disso, refletindo uma imagem que não era ofuscada pela dúvida ou pela dor. Ele ajudou cada um dos personagens a perceber que o que desejava estava dentro de si o tempo todo.

O mágico simboliza nossa percepção equivocada de que a "cura" para qualquer coisa que nos aflija, o pedaço que falta, existe fora de nós. Vivemos em uma cultura objetificadora, que nos convence de que as soluções devem ser adquiridas, que algo ou alguém por fim vai nos fazer inteiros. Essa busca nos leva para cada vez mais longe de nós mesmos. Embora possamos nos beneficiar muito ao manter

CONSIDERAÇÕES FINAIS

a mente e o coração abertos, em última instância ainda somos os únicos responsáveis por nós mesmos.

O mágico de Oz podia ver além da superfície das coisas e juntar os pontos por meio de observação cuidadosa, introspecção e uma saudável dose de empatia. É isso que o método Bullet Journal nos ajuda a cultivar dentro de nós. Ele está longe de ser mágico, mas pode ser um atraente espelho no qual podemos começar a nos ver com mais clareza a cada dia que passa. Também pode nos conferir discernimento para perceber quanto poder já temos.

O método Bullet Journal ajuda a facilitar a jornada de autodescoberta, a entender o controle que se pode ter sobre a própria vida. Tudo depende da disposição em enxergar além das limitações, de modo que você possa testemunhar seu potencial. É um processo que envolve reivindicar responsabilidade pela sua experiência encontrando a coragem e a dedicação para olhar fundo para o insuportável esplendor do universo interior. Em meio ao caos, você encontrará aquelas estrelas que brilham com maior intensidade entre incontáveis outras. Enquanto mapeia seu caminho pelas águas sempre turvas do futuro, você pode se confortar na certeza de que, afundando ou nadando, teve a coragem de arriscar.

PERGUNTAS FREQUENTES

P: Não tenho dons artísticos. Posso usar o Bullet Journal mesmo assim?

R: Sim. A única coisa que importa no BuJo é o conteúdo, não a apresentação.

P: Quando devo começar?

R: O melhor momento para começar sempre é agora. Dito isso, o primeiro dia do mês em que montar seu registro mensal é o ideal (p. 102).

P: Por quanto tempo devo experimentar?

R: Se usa o Bullet Journal há pouco tempo, sua primeira migração mensal (p. 120) pode ser uma epifania. É nela que tudo começa a fazer sentido. Por isso encorajo os usuários a não desistir do método antes de pelo menos dois ou três meses de teste.

P: Que tipo de caderno devo usar?

R: A resposta mais direta é: seu caderno preferido. A mais longa é: um caderno bom, que durará bastante tempo. As duas principais

PERGUNTAS FREQUENTES

coisas a se pensar são tamanho e qualidade. Se o caderno for grande demais, nunca vai levá-lo com você. Se for pequeno demais, não será prático. Certifique-se de que seja robusto o bastante para resistir aos testes do tempo se o mantiver consigo. Se preferir, pode comprar o caderno que desenvolvi acessando o site bulletjournal.com. Ele contém páginas numeradas, índice, legenda de identificação dos bullets, três marcadores de páginas e mais.

P: Caneta ou lápis?

R: Use o que deixar sua escrita mais legível e não apagar com o tempo. Um dos maiores benefícios do Bullet Journal é que, com o tempo, você acumulará uma biblioteca de cadernos, algo maravilhoso de se revisitar anos depois.

P: E se eu perder meu caderno?

R: Embora muitos Bullet Journals possam ser bastante pessoais, recomendo que adicione uma nota bem visível logo no começo para que possam entrar em contato com você caso o perca. Seu primeiro nome e seu telefone devem bastar. Recompensas em dinheiro podem ser um grande incentivo, mas mensagens personalizadas também. Meu Bullet Journal caiu da minha mochila em um trem a caminho de Nova York na hora do rush e foi devolvido.

P: O que devo fazer em relação a tarefas recorrentes?

R: Você pode criar símbolos discriminadores (p. 92) e adicioná-los à página de calendário do registro mensal (p. 102). Isso permitirá que examine rapidamente o mês e veja quando a tarefa ou o evento acontecerá.

O MÉTODO BULLET JOURNAL

P: O que faço se me esquecer de usar o caderno?

R: Criamos um aplicativo para isso, The Bullet Journal Companion. Ele não é um BuJo propriamente dito, mas um app que irá complementar seu caderno. Permite armazenar seus pensamentos quando estiver longe dele, programar alarmes para se lembrar de consultá-lo, tirar fotos das páginas e muito mais. Está disponível para ios e Android.

P: Existe um aplicativo do Bullet Journal?

R: Veja a resposta anterior.

P: Quanto espaço deve ser usado no registro diário?

R: Tanto quanto você precisar, pareça muito ou pouco. A vida é imprevisível, e é por isso que o BuJo é projetado para evoluir de forma orgânica. Recomece de onde tiver parado e evite entulhar as páginas.

P: Como migro para outro caderno?

R: Revise seu caderno para selecionar o que te ajudou a progredir. Mova apenas as coisas que acrescentaram valor à sua vida para o caderno seguinte. Você também pode encadear o conteúdo que não quiser reescrever (p. 116).

P: Qual é a diferença entre uma tarefa agendada e uma tarefa migrada?

R: Uma tarefa agendada é uma tarefa que acontece depois do mês corrente e foi movida de volta para o registro futuro. Uma tarefa

PERGUNTAS FREQUENTES

migrada é uma tarefa atual que foi movida adiante, para o registro mensal (p. 102) ou para uma coleção personalizada (p. 251).

P: Quando devo mover coisas do registro futuro?

R: Quando estiver montando um novo registro mensal (p. 102).

P: Quantos cadernos devo usar por ano?

R: Quantos precisar. Eu uso de três a quatro.

P: Como posso aliar um calendário digital ao Bullet Journal?

R: Você pode usar um calendário digital em substituição ao seu registro futuro. Durante o dia, anote todas as datas em seu registro diário. Quando tiver um momento, como na reflexão diurna ou noturna, adicione ao seu calendário.

P: Quanto tempo devo usar nas reflexões diurna/noturna?

R: Quanto precisar. O truque é ser consistente. Se perceber que não está sendo, reduza a quantidade de tempo que gasta nelas.

P: Como planejar e gerenciar múltiplos projetos?

R: Eu os separo em coleções diferentes, então uso o índice para acessá-los rapidamente depois. Você também pode criar um índice exclusivo para cada projeto; isso é útil sobretudo se o projeto for grande e complicado. Se você estiver na escola, por exemplo, pode usar uma página de índice por matéria (p. 111).

O MÉTODO BULLET JOURNAL

P: O que faço com uma tarefa que precisa ser concluída em determinado dia, que ainda não chegou?

R: Se for um dia do mês corrente, sua reflexão diária vai deixá-lo no radar. Se não, você pode adicioná-la em seu registro futuro (p. 107).

P: Por que você mantém apenas um item para cada dia em seu registro mensal? É intencional?

R: Quando faço os tutoriais de vídeo do Bullet Journal, mostro apenas um item em cada dia para que fique mais legível para os espectadores. No meu Bullet Journal pessoal, registro dois ou três itens por dia. Meu objetivo com o registro mensal é ter uma visão completa do que já fiz, então em geral acabo anotando os itens depois.

P: Qual é a diferença entre a página de tarefas no registro mensal e no registro diário?

R: O propósito do registro diário (p. 98) é desentulhar sua mente — você nem pensa muito sobre o que escreve, só quer colocar no papel. As tarefas que entram no registro mensal são aquelas sobre as quais ponderou por um tempo: você sabe que elas são importantes e prioritárias.

P: Como faço uma referência a um material do Bullet Journal?

R: Você deve montar um índice (p. 111) e recorrer ao encadeamento (p. 116).

PERGUNTAS FREQUENTES

P: Como faço referência a um material de outro caderno, seja Bullet Journal ou não?

R: Com o encadeamento entre cadernos (p. 116) ou usando o aplicativo The Bullet Journal Companion, que foi desenvolvido para ampliar a funcionalidade do seu caderno. Você pode adicionar cadernos anteriores fazendo upload de fotos das páginas de índice ao app.

AGRADECIMENTOS

Obrigado a John Maas e Celeste Fine, meus agentes na Sterling Lord Literistic, por sua inabalável orientação, seu apoio e sua paciência.

Obrigado a Leah Trouwborst e Toni Sciarra Poynter, minhas editoras, por seus esforços hercúleos, sua sabedoria e sua habilidade para me ajudar a chegar ao outro lado.

Obrigado à equipe da Portfolio na Penguin Random House por acreditar neste projeto e me ajudar a elaborá-lo, e a Helen Healey por manter os fios das luzes de Natal sem nós.

Obrigado aos meus leitores Keith Gould, Linda Hoecker, Kim Alvarez, Niclas Bahn, Lisse Grullesman, Rachel Beider, Leigh Ollman e a minha família pelas observações que me ajudaram a ver o todo nos detalhes.

Obrigado a todos os usuários do Bullet Journal que contribuíram com sua arte, suas histórias e ideias ao longo deste livro: Dee Martinez, Eddie Hope, Kim Alvarez, Kara Benz, Heather Caliri, Amy Haines, Anthony Gorrity, Rachael M., Timothy Collinson, Cheryl Bridges, Hubert Webb, Bridget Bradley, Olov Wimark, Sandra-Olivia Mendel, Carey Barmett, Michael S., Flora Gehrke, Daniele Yumi Tashiro, Maria Lowen e Thaís Ferraz Nogueira.

Obrigado à comunidade BuJo por ajudar a difundir este método pelo mundo. Eu não estaria aqui sem vocês.

NOTAS

I. A PREPARAÇÃO [pp. 11-61]

1 Neil Irwin, "Why Is Productivity So Weak? Three Theories", *The New York Times*, 28 abr. 2016. Disponível em: <www.nytimes.com/2016/04/29/upshot/why-is-productivity-so-weak-three-theories.html>. [Todos os acessos foram feitos em 15 ago. 2018.]

2 Secretaria de Estatísticas Trabalhistas dos Estados Unidos. Disponível em: <www.bls.gov/opub/btn/volume-6/below-trend-the-us-productivity-slowdown-since-the-great-recession.htm>.

3 Daniel J. Levitin, "Why the Modern World Is Bad for Your Brain", *The Guardian*, 15 jan. 2018. Disponível em: <www.theguardian.com/science/2015/jan/18 modern-world-bad-for-brain-daniel-j-levitin-organized-mind-information-overload>.

4 Maria Konnikova, "What's Lost as Handwriting Fades", *The New York Times*, 2 jun. 2014. Disponível em: <www.nytimes.com/2014/06/03/science/whats-lost-as-handwriting-fades.html>.

5 Joan Didion, "On Keeping a Notebook". In: *Slouching Towards Bethlehem*. Nova York: Farrar, Straus and Giroux, 1968, pp. 139-40.

6 Susie Steiner, "Top Five Regrets of the Dying", *The Guardian*, 1º fev. 2012. Disponível em: <www.theguardian.com/lifcandstyle/2012/feb/01/top-five-regrets-of-the-dying>.

7 David Bentley Hart, *The Experience of God: Being, Consciousness, Bliss*. New Haven, CT: Yale University Press, 2013, pp. 191-2.

8 Cyndi Dale, *Energetic Boundaries: How to Stay Protected and connected in Work, Love, and Life*. Boulder, CO: Sounds True, 2011.

O MÉTODO BULLET JOURNAL

9 Jory MacKay, "This Brilliant Strategy Used by Warren Buffett Will Help You Prioritize Your Time", *Inc.*, 15 nov. 2017. Disponível em: <www.inc.com/jory-mackay/warren-buffetts-personal-pilot-reveals-billionaires-brilliant-method-for-prioritizing.html>.

10 Michael Lewis, "Obama's Way", *Vanity Fair*, out. 2012. Disponível em: <www.vanityfair.com/news/2012/10/michael-lewis-profile-barack-obama>.

11 Roy F. Baumeister e John Tierney, *Willpower: Rediscovering the Greatest Human* Strenght. Nova York: Penguin, 2011. [Ed. bras.: *Força de vontade: A redescoberta do poder humano*. Trad. de Claudia Gerpe Duarte. São Paulo: Lafonte, 2011.]

12 "Americans Check their Phones 80 Times a Day: Study", *The New York Post*, 8 nov. 2017. Disponível em: <nypost.com/2017/11/08/americans-check-their-phones-80-times-a-day-study>.

13 Thuy Ong, "UK Government Will Use Church Spires to Improve Internet Connectivity in Rural Areas", *The Verge*, 19 fev. 2018. Disponível em: <www.theverge.com/2018/2/19/17027446/uk-government-churches-wifi-internet-connectivity-rural>.

14 Adrian F. Ward, Kristen Duke, Ayelet Gneezy e Maarten W. Bos, "Brain Drain: The Mere Presence of One's Own Smartphone Reduces Available Cognitive Capacity", *Journal of the Association for Consumer Research*, v. 2, n. 2, abr. 2017, pp. 140-54. Disponível em: <www.journals.uchicago.edu/doi/abs/10.1086/691462>.

15 "The Total Audience Report: Q1 2016", *Nielsen*, 27 jun. 2016. Disponível em: <www.nielsen.com/us/en/insights/reports/2016/the-total-audience-report-q1-2016.html>.

16 Olga Khazan, "How Smartphones Hurt Sleep", *The Atlantic*, 24 fev. 2015. Disponível em: <www.theatlantic.com/health/archive/2015/02/how-smartphones-are-ruining-our-sleep/385792>.

17 Perri Klass, "Why Handwriting Is Still Essential in the Keyboard Age", *The New York Times*, 20 jun. 2016. Disponível em: <well.blogs.nytimes.com/2016/06/20/why-handwriting-is-still-essential-in-the-keyboard-age>.

18 Pam A. Mueller e Daniel M. Oppenheimer, "The Pen Is Mightier Than the Keyboard", *Psychological Science*, v. 25, n. 6, abr. 2014, pp. 1159-68. Disponível em: <journals.sagepub.com/doi/abs/10.1177/0956797614524581>.

19 Robinson Meyer, "To Remember a Lecture Better, Take Notes by Hand", *The Atlantic*, 1º maio 2014. Disponível em: <www.theatlantic.com/technology/archive/2014/05/to-remember-a-lecture-better-take-notes-by-hand/361478>.

NOTAS

II. O SISTEMA [pp. 63-131]

20 Daniel Gilbert, *Stumbling on Happiness*. Nova York: Vintage, 2007.

III. A PRÁTICA [pp. 133-241]

21 Robert Bresson, *Notes sur le cinématographe*. Paris: Gallimard, 1975. [Ed. bras.: *Notas sobre o cinematógrafo*. Trad. de Evaldo Mocarzel e Brigitte Riberolle. São Paulo: Iluminuras, 2005.]

22 David Foster Wallace, *This Is Water: Some Thoughts, Delivered on a Significant Occasion, about Living a Compassionate Life*. Nova York: Little, Brown, 2009. [Ed. bras.: In: *Ficando longe do fato de já estar meio que longe de tudo*. Trad. de Daniel Galera e Daniel Pellizzari. São Paulo: Companhia das Letras, 2012.]

23 Ibid.

24 Leo Babauta, "How I'm Overcoming My Obsession with Constant Self-Improvement", *Fast Company*, 19 mar. 2015. Disponível em: <www.fastcompany.com/3043543/how-im-overcoming-my-obsession-with-constant-self-improvement>.

25 Caroline Beaton, "Never Good Enough: Why Millennials Are Obsessed with Self-Improvement", *Forbes*, 25 fev. 2016. Disponível em: <www.forbes.com/sites/carolinebeaton/2016/02/25/never-good-enough-why-millennials-are-obsessed-with-self-improvement/#cf00d917efa9>.

26 Theresa Nguyen et al., "The State of Mental Health in America 2018", *Mental Health America*, 2017. Disponível em: <www.mentalhealthamerica.net/issues/state-mental-health-america>.

27 "Facts & Statistics", Associação de Ansiedade e Depressão da América, 2016. Disponível em: <adaa.org/about-adaa/press-room/facts-statistics>.

28 "Impact Bias", *Wikipedia*, maio 2016. Disponível em: <en.wikipedia.org/wiki/Impact_bias>.

29 Tim Minchin, "Occasional Address", discurso na cerimônia de formatura da University of Western Australia, 25 set. 2013. Disponível em: <www.timminchin.com/2013/09/25/occasional-address>.

30 Olivia Solon, "Ex-Facebook President Sean Parker: Site Made to Exploit Human 'Vulnerability'", *The Guardian*, 9 nov. 2017. Disponível em: <www.theguardian.com/technology/2017/nov/09/facebook-sean-parker-vulnerability-brain-psychology>.

O MÉTODO BULLET JOURNAL

31 "Eudaimonism", Philosophy Basics. Disponível em: <www.philosophybasics. com/branch_eudaimonism.html>.

32 "Okinawa's Centenarians", Okinawa Centenarian Study. Disponível em: <okicent.org/cent.html>.

33 Héctor García e Francesc Miralles, *Ikigai: The Japanese Secret to a Long and Happy Life*. Nova York: Penguin, 2017. [Ed. bras.: *Ikigai: Os segredos dos japoneses para uma vida longa e feliz*. Trad. de Elisa Menezes. Rio de Janeiro: Intrínseca, 2018.]

34 Viktor E. Frankl, *Man's Search for Meaning: An Introduction to Logotherapy*. Nova York: Simon & Schuster, 1984. [Ed. bras.: *Em busca de sentido*. Trad. de Walter O. Schlupp e Carlos C. Aveline. Petrópolis: Vozes, 2015.]

35 Jordan B. Peterson, *Personality 12: Phenomenology: Heidegger, Binswanger, Boss*, 20 fev. 2017, vídeo, 46'32". Disponível em: <www.youtube.com/ watch?v=11oBFCNeTAs>.

36 Angela Lee Duckworth, "Grit: The Power of Passion and Perseverance", TED *Talks Education*, abr. 2013. Disponível em: <www.ted.com/talks/ angela_lee_duckworth_grit_the_power_of_passion_and_ perseverance#t-184861>.

37 Maria Konnikova, "Multitask Masters", *The New Yorker*, 7 maio 2014. Disponível em: <www.newyorker.com/science/maria-konnikova/ multitask-masters>.

38 Tanya Basu, "Something Called 'Attention Residue' Is Ruining Your Concentration", *The Cut*, 21 jan. 2016. Disponível em: <www.thecut. com/2016/01/attention-residue-is-ruining-your-concentration.html>.

39 Kent Beck et al., "Manifesto for Agile Software Development", Agile Alliance. Disponível em: <agilemanifesto.org>.

40 Carl Sagan, *The Demon-Haunted World? Science as a Candle in the Dark*. Nova York: Ballantine, 1996. [Ed. bras.: *O mundo assombrado pelos demônios*. Trad. de Rosaura Eichenberg. São Paulo: Companhia das Letras, 1996.]

41 Madison Malone-Kircher, "James Dyson on 5,126 Vacuums That Didn't Work — and the One That Finally Did", *New York*, 22 nov. 2016. Disponível em: <nymag.com/vindicated/2016/11/james-dyson-on-5-126-vacuums-that-didnt-work-and-1-that-did.html>.

42 W. Edwards Deming, *The New Economics for Industry, Government, and Education*. Boston, MA: MIT Press, 1993.

43 "Albert Einstein," *Wikiquote*. Disponível em: <en.wikiquote.org/wiki/ Albert_Einstein#Disputed>.

NOTAS

44 Mihaly Csikszentmihalyi, "Flow, the Secret to Happiness", *TED*, fev. 2004. Disponível em: <www.ted.com/talks/mihaly_csikszentmihalyi_on_flow>.

45 Marco Aurélio, *Meditações*.

46 Jack Zenger e Joseph Folkman, "The Ideal Praise-to-Criticism Ratio", *Harvard Business Review*, 15 mar. 2013. Disponível em: <hbr.org/2013/03/the-ideal-praise-to-criticism>.

47 Amy Morin, "7 Scientifically Proven Benefits of Gratitude That Will Motivate You to Give Thanks Year-Round", *Forbes*, 23 nov. 2014. Disponível em: <www.forbes.com/sites/amymorin/2014/11/23/7-scientifically-proven-benefits-of-gratitude-that-will-motivate-you-to-give-thanks-year-round/#1367405183c0>.

48 David Steindl-Rast, "Want To Be Happy? Be Grateful", TED, jun. 2013. Disponível em: <www.ted.com/talks/david_steindl_rast_want_to_be_happy_be_grateful>.

49 Citação comumente atribuída a Mark Twain.

50 Heinrich Harrer, *Seven Years in Tibet*. Nova York: TarcherPerigee, 2009. [Ed. bras.: *Sete anos no Tibet*. Trad. de Bettina Gertum Becker. Porto Alegre: L&PM, 1999.]

51 Winnie Yu, "Workplace Rudeness Has a Ripple Effect", *Scientific American*, 1º jan. 2012. Disponível em: <www.scientificamerican.com/article/ripples-of-rudeness>.

52 Seth Godin, "The First Law of Organizational Thermodynamics", *Seth's Blog*, 12 fev. 2018. Disponível em: <sethgodin.typepad.com/seths_blog/2018/02/the-first-law-of-organization-thermodynamics.html>.

53 Joshua Fields Millburn, "Goodbye Fake Friends", *The Minimalists*. Disponível em: <www.theminimalists.com/fake>.

54 Sam Cawthorn (@samcawthorn), "The happiest people don't necessarily have the best of everything but they make the most of everything!!!", Twitter, 24 jun. 2011, 16h39.

55 Drake Baer, "Malcolm Gladwell Explains What Everyone Gets Wrongs About His Famous '10000 Hour Rule'", *Business Insider*, 2 jul. 2014. Disponível em: <www.businessinsider.com/malcolm-gladwell-explains-the-10000-hour-rule-2014-6>.

O MÉTODO BULLET JOURNAL

IV. A ARTE [pp. 243-98]

56 "14 Ways to Be a Happier Person", *Time*, 19 set. 2014. Disponível em: <time.com/collection/guide-to-happiness/4856925/be-happy-more-joy>.

57 Jonathan G. Koomey, *Turning Numbers into Knowledge: Mastering the Art of Problem Solving*. Oakland, CA: Analytic Press, 2008.

ÍNDICE REMISSIVO

10 mil horas, regra das, 241

"acordar a página", 258
adaptação, 155-6
adaptação hedônica, 156
agendamento, 195
férias, 276-9
Além da Imaginação, 153, 156
Alvarez, Kim, 56, 117
Aníbal Barca, 231
aplicativos, 53-7, 177
Bullet Journal Companion, 307, 310
Apple, 47
aprendizado, 215-6
aprimoramento:
    autoaprimoramento, 154, 240
    contínuo, 182, 239-40, 264
    mútuo, 213-5
arrependimento, 40, 195
arte, 245-97
talento artístico e, 305
visão geral da, 245-50
ver também assuntos específicos
atenção:
    distúrbio de déficit de atenção (DDA), 14,
        17, 21
    resíduo de atenção, 169
    variação na, 195
atenção plena, 25-6, 29, 31, 36, 198
autoaprimoramento, 154, 240
autocompaixão, 211-3
autoconhecimento, 41, 283

radiância e, 210
tomada de decisão e, 144
autodescoberta e autoaprendizado, 70,
    303-4

Babauta, Leo, 154
Baldwin, Christina, 53
Barnett, Carey, 116
Baumeister, Roy F., 47
biorritmos, 195
Bradley, Bridget, 60
brainstorm, 174-5
coleção personalizada e, 254
Bresson, Robert, 140
Bridges, Cheryl S., 111
budismo, 239
Buffett, Warren, 46
Bullet Journal (BuJo), 15-23, 34-6
arte do, 245-97
    talento artístico e, 305
    visão geral, 245-50
    ver também assuntos específicos
comunidade, 250, 289-97
desenvolvimento pelo autor, 13-6, 184
estrutura de módulos do, 65, 96
flexibilidade do, 55, 65, 96, 246
maneira certa e errada de fazer, 301-2
"motivo" no, 37-44, 126, 144-5, 151
perguntas frequentes sobre, 305-10
prática, 23
prática em, 35, 135-241, 246
    visão geral, 135-8

ÍNDICE REMISSIVO

ver também assuntos específicos
preparação para, 13-61
    a promessa, 25-33
    escrever à mão e, 58-9, 61
    motivo para usar cadernos, 53-7
    organizando a mente, 45-52
sistema, 23, 35-6, 65-131, 246
    carta sobre o impacto do, 126-9
    coleções *ver* coleções
    começando, 130
    configuração, 131
    migração *ver* migração
    registro rápido *ver* registro rápido
    visão geral, 65-9
Bullet Journal Companion, 307, 310
bulletjournal.com, 17, 172, 289, 306

cadernos, 13-6, 30, 52-7
    escolha, 305-6
    migração anual de, 123-4, 264
    perda, 306
    perfeição em, 240
    quantos usar, 308
calendário, digital, 308
calendário, página de, 103-5, 306
Caliri, Heather, 139-40
"caminho não percorrido, O" (Frost), 160
caneta e tinta, 262-3, 306
caos, 238
capoeira, 245-6, 269
Cartas a Lucílio (Sêneca), 9
causa e efeito, 283
Cawthorn, Sam, 220
celebração, 200-1
celular, 53-4
Cheshire, Ray, 71
Cohen, Leonard, 236
coleções, 32, 35-6, 69, 96-7, 251, 308
    atualização, 264
    desafios e, 253, 263
    durabilidade de, 263-4
    estudando, 249
    função *versus* forma em, 260
    gaveta de bugigangas, 252

índice, 68, 75, 97, 111-8, 130, 263, 308, 310
    configuração, 130
    encadeamento e, 116-7, 310
    índice dedicado, 114-5, 308
    subcoleções, 114, 269
ingredientes de, 265-6
personalização de, 284-8
    escrita prolongada, 284-6
    monitoramento de hábitos no registro mensal, 287
    ver também coleções personalizadas
prioridades e, 261
registro diário, 68, 75, 98-101, 107, 112, 130, 284, 309
    configuração, 130
    escrita prolongada e, 285
    espaço necessário para, 100-1, 307
registro futuro, 68, 97, 107-10, 130, 307-9
    configuração, 130
registro mensal, 68, 97, 102-8, 130, 263, 305, 309
    calendário, 102-5, 306
    configuração, 130
    monitor de hábitos em, 287
    página de tarefas ou inventário mental, 104-6
subcoleções, 114, 269
coleções personalizadas, 246-9, 251-8, 284
    configuração, 131
    contexto e, 282-3
    fontes para, 253-4
        desafios, 253, 263
        objetivos, 253
        tarefas, 253-4
    hábito, 260, 287-8
    monitores, 260, 280-3
    passos para a criação de, 254-8
        análise de motivações, 255-8
        brainstorm, 254
    propósito em, 249
    ressalva para, 247-8
Collinson, Timothy, 259
começando, 139-42, 258

O MÉTODO BULLET JOURNAL

na prática, 141-2
compaixão, 211-2
comunidade, 250, 289-97
consciência, 151-2
consistência, 151
conteúdo e design, função e forma, 250-1,
    259-62, 305
contexto, 105, 219, 246
    exercício do 5, 4, 3, 2, 1 e, 166
    índice e, 117
    listas e, 78, 272-5
    monitores e, 282-3
    processamento de informação e, 90
    registro diário e, 98
    significantes e, 92-4
controle, 210, 203-8
    na prática, 206-8
    processo *versus* resultado, 207-8
    responder *versus* reagir, 206-7
Csikszentmihalyi, Mihaly, 191
curiosidade, 90, 137, 159, 264
    criação de tarefas e, 182
    objetivos e, 163, 165, 170, 175

Dalai Lama, 208
Debussy, Claude, 263
decisões e escolhas, 40, 46-8, 57, 145, 188
    autoconhecimento e, 144
    evitando decisões, 47
    fadiga de decisão, 47-8
    memória e, 86
    ruins, 144
    teste para, 51-2
declaração de intenções, 256-7, 267
desconstrução, 223-30
    na prática, 227-30
        plano de ataque, 228-30
        técnica dos Cinco Porquês, 227-8
Deming, ciclo de, 185
Deming, W. Edwards, 185
depressão, 154, 177
desafios, 14-5, 17, 22, 60, 164, 184, 235,
    302
    coleções e, 253, 263
    de tarefas, 194-5

desenvolvimento pessoal, 154, 240
design, 259-64;
    conteúdo e (forma *versus* função), 250-
        1, 259-2, 305
    decoração, 264
    durabilidade no, 263-4
    espaço em branco, 263
    legibilidade e, 262-3, 306
dias melhores, 188
Didion, Joan, 30
distrações, 27, 29, 48, 51-2, 69, 80, 119,
        135, 149, 151, 169, 197, 208, 222
doenças mentais, 60, 157
domínio, 241
Drucker, Peter, 119, 280
Duckworth, Angela Lee, 165
durabilidade, 263-4
Dyson, James, 185

Edison, Thomas, 184-5
Einstein, Albert, 190
emoções, 156, 204
encadeamento, 117-8, 310
endurance:
    na prática, 220-2
    página da clareza, 220-2
energia, 210
Enûma Eliš, 223, 230
escolhas *ver* decisões e escolhas
escrever cartas, ao lidar com situações de
        desafio, 206-7
escrita, 60, 70
    prolongada, 284-6
escrita à mão, 30, 58-61
    legibilidade e, 262-3, 306
    espaço em branco, 263
estoicos, 196, 203
eudemonismo, 157
eventos, 78, 83-7, 94
    dicas para, 86-7
êxtase, 192

Facebook, 47, 156
felicidade, 137

ÍNDICE REMISSIVO

férias, 284
planejar, 253-6
listas em, 270-5
monitor de orçamento, 280-2
pesquisa em, 266-9
planejamento de itinerário, 276-9
ferramentas digitais, 53-8
filosofia, 136, 157
estoicismo, 196, 203
Flint, Mike, 46
fluxo, 191-4
foco, 14, 27, 46, 75, 118, 169, 188, 195
em prioridades, 168-70
*Força de vontade: A redescoberta do poder
humano* (Baumeister), 47
forma e função, design e conteúdo, 250-1,
259-62, 305
fracasso, 137-41, 145, 163, 184-5, 238, 240
planejamento e, 265
Frankl, Viktor, 158
Franklin, Benjamin, 265
Frost, Robert, 160
função e forma, conteúdo e design, 250-1,
259-62, 305
futuro, 145
design à prova de futuro, 250, 261
registro futuro, 68, 97, 107-10, 130,
308-9
configuração, 130

Gandhi, Mahatma, 209
García, Héctor, 158
Gilbert, Dan, 86
Gladwell, Malcolm, 241
Godin, Seth, 210
Gorrity, Anthony, 21-2
Goruck, desafio, 154
Gratidão, 198-202:
na prática, 200-2
celebração, 200-1
incorporada ao Bullet Journal, 201, 213
gregos, antigos, 159, 192
Grit (Duckworth), 165

Haines, Amy, 25, 32
Harryhausen, Ray, 170
Hart, David Bentley, 40
"How I'm Overcoming My Obsession with
Constant Self-Improvement"
(Babauta), 154
Hunt, Andrew, 232

ikigai, 158
imperfeição, 236-41
na prática, 239-41
mudança boa, 240-1
praticar imperfeição, 239-40
impermanência, transitoriedade, 196-7,
239, 241
índice, 68, 75, 97, 111-8, 130, 263, 308,
310
configuração, 130
encadeamento e, 116-7, 310
índice dedicado, 114-5, 308
subcoleções em, 114, 269
inércia:
na prática, 231-5
patinho de borracha, 231-3
tarefa de intervalo, 233-5
influência, 210
informação, 88, 90
escrita à mão e, 59
sobrecarga de, 27
Instagram, 289
inventário mental, 48-50, 65, 131
migração, 124-5, 131
página de tarefas, 104-6
revisão, 131
teste de itens no, 51-2
"Isto é água" (Wallace), 151

Japão, 157, 182, 227, 238, 241
Jobs, Steve, 47

kaizen, 182, 185
Kauffman, Trey, 205

O MÉTODO BULLET JOURNAL

lápis, 306
Le Grand K, 237
Lee, Bruce, 150
legibilidade, 262-3, 306
Leroy, Sophie, 169
Levitin, Daniel, 27, 241
Lincoln, Abraham, 190
Listas, 270-5
   contexto em, 78, 272-5
   prioridades em, 78, 272
Lynch, David, 198

Madre Teresa, 163
Mágico de Oz, O, 303-4
marcadores, 77-8
personalizados, 92-5
marcadores de prioridade, 94
marcadores inspiradores, 94
Marco Aurélio, 196, 223
Marduque, 223
meditação, 199
medo, 139, 181
melhoria contínua, 182, 239-40, 264
memento mori, 195-7
memórias, 60
   falta de confiabilidade de, 86
   tomada de decisão e, 86
"menos é mais" (princípio), 260-1
Mente organizada, A (Levitin), 27
mente *ver* pensamentos
migração, 69, 119-25, 131, 197, 305, 307
   anual/caderno, 123-4, 264
   avaliação de coleções durante, 264
   inventário mental e, 119-25, 131
   mensal, 120-2, 208, 222, 264
   reflexão através de, 149-50
   tarefas agendadas *versus* migradas, 307
Millburn, Joshua Fields, 214
Minchin, Tim, 155
Minimalists, The, 214
mise en place, 265
monitor de orçamento, 280-1
monitoramento de hábitos, 260-1, 287-8
monitores, 260-1, 280-3

contexto e, 282-3
de hábito, 260-1, 287-8
Morris, William, 45
morte, 195-6
motivação, 39, 154, 195, 231, 249
   examinar, na criação de coleções
      personalizadas, 255-7
mudança, 181, 203
boa, 240-1
multitarefas, 169

Niebuhr, Reinhold, 203
Nietzsche, Friedrich, 217
nível de habilidade, tarefas e, 194
Norton, Richie, 37
notas, 78, 88-91;
   personalizando informação, 90-1
   processando informação, 90

Obama, Barack, 47
objetivos, 46, 52, 137, 141, 154-5, 160,
   163-79
   brainstorm, 174-5, 178
   coleção de, 165-6, 233
   coleções personalizadas e, 253-4
   curiosidade e, 163, 165, 170, 175
   de longo prazo, perseverança e paixão
      por, 174-5
   de outras pessoas, apropriando-se, 164
   dividindo em fases, 172, 174
   exercício do 5, 4, 3, 2, 1, 166-8
   foco nas prioridades, 168-70
   grandes, 164
   monitores e, 280
   na prática, 165-79
   priorize seus, 168
   processo em, 170, 283
   quebrando objetivos em partes menores,
      170-9, 231
   reativos, 163
   significativos, 164
obrigações e responsabilidades, 52, 193
foco no significado e propósito de, 220-1
ocupação, 170

323

ÍNDICE REMISSIVO

ocupado, estar, 45, 135-6, 169
Okinawa, Japão, 157
organizando a mente, 45-52, 309

paciência, 165
página da clareza, 220-2
paginação, 74-6
Paintapic, 37-8, 135
paixão, 164-5
palavras, escolha, 88
paralisia da análise, 268
Parker, Sean, 156
patinho de borracha, 231-3
pensador, O (Rodin), 143
pensamentos, 45, 239
  externalizar, 48
  meditação e, 199
  organizando a mente, 45-52, 309
  ver também inventário mental
pequenos passos, 180-9, 241
na prática, 182-9
  dias melhores, 188-9
  perguntas simples, 182-4, 241
  repetição, 184-7
perfeição, 237-9
  domínio *versus*, 241
  em caderno, 240
  ver também imperfeição
perguntas, 184
  frequentes sobre Bullet Journal, 305-10
  por quê, 37-44, 144-5, 151, 154
  técnica dos Cinco Porquês, 227-8
simples, 182-4, 241
perguntas frequentes, 305-10
perseverança, 164-5
persistência, 217-22
perspectiva, 233
pesquisa, 266-9
pessoas e situações desafiadoras, carta
  sobre, 206-7
phainesthai, 159
piloto automático, operando em, 41, 120,
  151, 219
Pinterest, 289

Planejamento, 265-9
  fracasso e, 265
  pesquisa em, 266-9
por quê, perguntar, 37-44, 126, 144-5, 151,
  154
técnica dos Cinco Porquês, 227-8
prática, 23, 35, 135-241
  visão geral, 135-8
  ver também assuntos específicos
prazer, 155-6
preocupações, 207-8
preparação, 11-61
escrita à mão e, 58-61
  "motivo" do Bullet Journal e, 37-44
  motivos para usar cadernos, 53-7
  organizando a mente, 45-52
prioridades, priorizar, 28
  de objetivos, 168
  foco em, 168-70
  em coleções, 260-1
  listas, 78, 272
processo, 170, 283
resultado *versus*, 207-8, 283
procrastinação, 195
produtividade, 25-9, 36, 45, 56, 119, 135-7,
  195
  aplicativos para, 53-7, 177
  consistência em, 187
  realização e, 199
programador pragmático, O (Hunt e
  Thomas), 232
progresso, 177, 283
propósito, 25, 31-3, 36-7, 40, 44, 52, 136,
  145, 147, 152
objetivos e, 168-70
Protótipo Internacional do Quilograma,
  237
provas, 237-8
provérbio chinês, 58

quilograma, 237

radiância, 209-16
  autoconhecimento e, 210

324

na prática, 211-6
  aprendizado, 215-6
  aprimoramento mútuo, 213-5
  autocompaixão, 211-3
Rams, Dieter, 260-1
realizações, 199
reatividade, 136, 147
  objetivos reativos, 163
  reagir *versus* responder, 206-7
redes sociais, 289
reflexão, 82, 98, 107-8, 137, 143-52; 213, 215
  diária, 146-9, 151, 206, 208, 308
  à noite, 148-9
  consistência em, 151
  de manhã, 148
  mensal e anual, por migração, 149-50
  na prática, 146-52
  consciência, 151-2
  objetivos parcelados e, 178-9
registro diário, 68, 75, 97-101, 107-8, 112, 130, 213, 284, 309
  configuração, 130
  escrita prolongada e, 285
  espaço necessário para, 100-1, 307
registro mensal, 68, 97, 102-8, 130, 263, 305, 309
  calendário, 102-5, 306
  configuração, 130
  monitoramento de hábitos no, 287
  página de tarefas (ou inventário mental), 104-6
registro rápido, 69-73
eventos, 78, 83-7, 94
    dicas para, 86-7
  marcadores, 77-8
  personalizados, 92-5
  notas, 78, 88-91
  personalizar informação, 90-1
  processar informação, 90
  resumo do, 95
  símbolos, 92-5, 306
tarefas, 78-82, 94, 309
    agendadas *versus* migradas, 307

coleções personalizadas e, 253-4
em data futura, 309
foco nas experiências proporcionadas pelas, 220-1
habilidades para, 194
hierarquia reversa de, 195
páginas de tarefas, 104-6
propósito duplo de colocar no papel, 82
realização, 199-200
recorrentes, 94, 306
subdividindo objetivos em, 182-4
subtarefas e tarefas-mãe, 80-1
tópicos e paginação, 74-6
registros semanais, 124
relatividade, 190
repetição, 184-7
responder *versus* reagir, 206-7
responsabilidades *ver* obrigações e responsabilidades
resultado *versus* processo, 207-8, 283
risco, 141, 163
Rodin, Auguste, 143
romanos, 196
Rose, Kevin, 172

Sagan, Carl, 184
Saint-Exupéry, Antoine de, 259
Sandy, 17-9, 23
Saunders, Allen, 135
Sêneca, 9
Sheldon, W. L., 240
significado, 25, 39-41, 57, 136-7, 140, 144-6, 153-62, 219
  de obrigações e responsabilidades, 220-2
  felicidade e, 137, 154-8
  sentimentos e, 159
  um conto sobre duas vidas, exercício mental, 160-1
símbolos, 92-5, 306
sistema, 22-3, 35-6, 65-131, 246
  carta sobre o impacto do, 126-9
  coleções em *ver* coleções
  configuração, 130-1

ÍNDICE REMISSIVO

migração no *ver* migração
registro rápido em *ver* registro rápido
visão geral, 65-9
sobrecarga, 21, 26, 45, 47, 83, 119, 171, 182, 194, 253, 261, 268
Sócrates, 143
Soljenítsin, Aleksandr, 184
Speakers Tribe, 220
Steindl-Rast, David, 153, 202
sucesso, 154

tarefa de intervalo, 233-5
tarefas, 78-82, 94, 309
  agendadas *versus* migradas, 307
  coleções personalizadas e, 253-4
  duplo propósito de colocar no papel, 82
  em data futura, 309
  foco em experiências proporcionadas por, 220-1
  habilidades para, 194
  hierarquia reversa de, 195
  página de tarefas, 104-6
  quebrar objetivos em, 182-4
  realizadas, 199
  recorrentes, 94, 306
  subtarefas e tarefas-mãe, 80-1
  tecnologia, 53-4, 149
  ferramentas digitais, 53-8
tempo, 190-7
  agendamento, 195
  férias, 276-9
  na prática, 193-7
    agendamento, 195
    alocação de tempo, 193-4, 268
    memento mori, 195-7
  percepção do, 190

qualidade de, 191
terapia cognitivo-comportamental (TCC), 60
Thomas, David, 232
Tiamat, 223, 230
Tim Ferriss Show, The, 172
tópicos e paginação, 74-6
Toyoda, Sakichi, 227
Toyota, 227
transitoriedade, impermanência, 196-7, 239, 241
transtornos de ansiedade, 154
trauma, 60
Twain, Mark, 207
Twin Peaks, 198

Universidade de Washington, 58

Valentine, sr., em episódio de *Além da Imaginação*, 153, 156
Van Gogh, Vincent, 139
Vanity Fair, 47
viés de impacto, 155
viés de negatividade, 201

wabi-sabi, 238-9, 241
Wallace, David Foster, 151

Ware, Bronnie, 40
Webb, Bert, 56
Wiest, Brianna, 198
Wimark, Olov, 177-8

Zeigarnik, efeito, 82
Zeigarnik, Bluma, 82
Zen Habits, 154
Zuckerberg, Mark, 47

TIPOGRAFIA Adobe Garamond Pro
DIAGRAMAÇÃO acomte
PAPEL Pólen, Suzano S.A.
IMPRESSÃO Geográfica, junho de 2024

A marca FSC® é a garantia de que a madeira utilizada na fabricação do papel deste livro provém de florestas que foram gerenciadas de maneira ambientalmente correta, socialmente justa e economicamente viável, além de outras fontes de origem controlada.